小顔リンパマッサージ Bible

バイブル

ほうれい線もスッキリ!
たるみをキュッと引き上げる!
大きい顔が小さくなる!

銀座ナチュラルタイム総院長
渡辺佳子
Watanabe Keiko

マイコミ
毎日コミュニケーションズ

はじめに

一生役立つ、国家資格レベルの技を身につけ、
その効果を実感してください!

最近では、TVや雑誌、インターネットでもさまざまな美容法やダイエット法、美肌ケア法などが紹介されています。私たちプロから見ても、その情報量は多く、いったいどれが本当で正しいケア法なのか、よく調べないとわかりづらくなってきています。特にダイエット法などは、極端な食事制限など、危険な方法も多く推薦されています。

皆さんの中でも、さまざまなケア法を試されたという方は多いのではないでしょうか。

そこで、「いろいろ試してみたけれど、変化がない」という方に質問です。その中からあなたに本当に必要なケアを選んで行ないましたか?　そしてその方法は、本当に正しいものでしたか?

いろいろ試したけど、あまり効果がなかった場合、そこには必ず何か問題があるはずです。ケア法が間違っていなければ、選択に問題があります。なりたい顔とそのために必要なケアが一致していなかったかもしれません。たとえば、顔が大きい、むくんでいると思ったときに、焦って顔のマッサージだけを実践しても変わらなかった場合、本当に必要なのは全身のケアかもしれません。顔の悩みの本当の原因は実は顔になく、体に隠されているということもあるのです。

もし、あなたが今の自分に満足していなければ、あなた自身が自分の体の専門家になる必要があるのです。まずは、あなた自身の体を知ることが大切なのです。そして、今のあなたの「現実」を直視してみてください。

この本は、今現在、「あなたに本当に必要なケア」を、より簡単に実践していただきたいという思いで書きました。本来誰かにマッサージを行なうには、マッサージの国家資格が必要です。この国家資格レベルの技を、本書ではわかりやすくセルフケアとして解説しています。また体の状態や要望に合わせ、さまざまな処方をご紹介しています。今まで効果が出なかった方にはベースを整える「ベーシックリンパ」。そして短期的な悩みには「即効リンパ」、慢性的な悩みには「じっくりリンパ」など、皆さんの悩み別に対応できるプログラムになっています。

まだ、あきらめてはいけません。女性なら誰もが、自分自身を美しく輝かせる力を秘めています。

さあ、今日から自然治癒力を最大限に引き出す、体にやさしいナチュラルなケアを身につけて、あなた本来の美しさと最高の笑顔を取り戻してください。

あなたの持っている力と可能性は無限大なのです。

渡辺佳子

Contents

小顔リンパマッサージが支持される3つの理由……P4

リンパマッサージで、顔の悩みをスッキリ解決！……P6

小顔リンパマッサージ体験談……P8

そもそも〝リンパ〟ってどういうもの？……P10

集中ケアがイイのはワケがある！……P12

小顔リンパを始める前に Q&A……P14

あなたの顔は大丈夫？ 顔悩みをチェック……P16

基本のテクニック……P18

ベーシック小顔リンパ1 全身マッサージ……P20

ベーシック小顔リンパ2 首・デコルテケア……P22

ベーシック小顔リンパ3 小顔ベースケア……P23

即効 むくみを取りたい……P24

即効 フェイスラインをスッキリさせたい……P26

即効 顔色をよくし、くすみを取りたい……P28

即効 頬のたるみをリフトアップしたい……P30

即効 ほうれい線を薄くしたい……P32

即効 徹夜明けのくまを消したい……P34

即効 まぶたのふくらみを改善したい……P36

即効 疲れて小さくなった目を大きく……P38

即効 鼻の横のお肉を取りたい……P40

コラム1 小顔効果をさらに高める上半身ストレッチ……P42

じっくり ぷっくり頬を改善したい……P44

じっくり 大きい顔を小さくしたい……P46

じっくり 肌荒れをキレイにしたい……P48

じっくり 口周りの小じわを消したい……P50

じっくり 慢性的な目の下の青くまを改善したい……P52

じっくり 目じりの小じわを取りたい……P54

じっくり 眉間のしわをなくしたい……P56

じっくり おでこにハリとつやを出したい……P58

じっくり 吹き出物を改善したい……P60

じっくり 首のくすみ、しわを取りたい……P62

コラム2 特別な日のためのスペシャル小顔スパ……P64

ワンランクup！ 美肌になりたい！……P66

ワンランクup！ パーツをはっきりさせたい！……P68

ワンランクup！ 口元をキレイにしたい！……P70

ワンランクup！ 白くて透明感のある肌に！……P72

ワンランクup！ しみ・そばかすを薄くしたい！……P74

顔は、あなたの美と人生を決める！……P76

小顔リンパマッサージが多くの女性に支持される3つの理由

整形レベルの効果を実感！

本書で紹介するマッサージは、顔のリンパの流れをよくして、老廃物や余分な水分を排泄するというもの。個人差はありますが、むくみなどの効果の分かりやすい悩みであれば、**1回でも大きな変化があらわれます。**

さらに続ければ、顔が一回り小さくなり、自分も周囲の人も、びっくりするほど**顔が変わっていく**でしょう。自分でできるのに、まるで整形したように効果が抜群！　それが、“小顔リンパマッサージ”のすごさなのです。

小顔だけじゃない、しわ・たるみまで改善！

マッサージを続けることで得られるのは、**小顔効果だけではありません。**余分なものが排泄されるだけでなく、血行が促進され顔の細胞のすみずみまで栄養が届くので、肌の新陳代謝が活発になり、肌がイキイキしてくすみや肌荒れが改善していきます。

また、顔の筋肉を刺激することで、あきらめていた**深いほうれい線や、年齢を重ねてできたたるみ**まで改善していきます。あなたの顔悩みにも、きっと効果を発揮するはずです！

簡単だから続けられる!

プロが行なう場合はさまざまな手技がありますが、本書では、「もむ」「さする」「おす」「たたく」の4つの基本的な手技でできるプログラムを処方しました。少し練習してコツをつかめば、**誰にでも簡単にできるはず。**効果があらわれはじめるとマッサージが楽しく、**気軽に続けられます。**

また、ステップも4～5程度なので、効果を高めるためにもなるべくステップを覚えて、自然と手が動くようになるといいでしょう。

リンパマッサージで、顔の悩みをスッキリ解決！

小顔になりたい、フェイスラインを引き締めたい、ほうれい線を薄くしたい……
顔の悩みは尽きないけれど、「生まれつき」とあきらめていませんか？
マッサージで〝あなた本来の顔〟を取り戻せば、今より美しい顔になれるんです！

顔の悩みは、生まれつきではなく、生活習慣の蓄積!?

大きな顔、二重あご、頬のお肉。あるいは、肌のたるみやしわなどに悩んでいませんか？　生まれつきだからとか、齢だから仕方ない……とあきらめているかもしれませんが、その悩み、実はちょっとしたケアと努力で改善できるかもしれません。

人間の顔には、細かい筋肉（表情筋）があります。この表情筋は、赤ちゃんのころは誰でもまっさらでバランスのよい状態なのですが、大人になるにしたがって、生活習慣や性格、その人のクセ、さらに生き方の履歴が、顔に少しずつあらわれるようになります。

たとえば、無表情な人は顔の筋肉をあまり動かしていないので、表情筋が衰え、顔がたるんだり、ぜい肉がついて大きな顔になってしまいます。逆に、表情が豊かでいつも笑顔を絶やさない人は、キュッと口角の上がった、締まりのある顔をしているものです。

顔の筋肉が衰えたりコリがたまってしまうと、顔を流れる血液やリンパの流れも滞《とどこお》り、くすみやむくみの原因に。ひどくなると老廃物や余分な水分がたまってしまい、顔が大きく見えたり、二重あごになったりしてしまうのです。さらには、顔にはつきにくいはずのセルライトがついてしまうこともあります！

ほかにも、目を酷使する仕事などで目の周辺が疲労した状態が続くと小さく輝きのない目になったり、食べ物を片側のあごで咀嚼《そしゃく》するクセがあると、左右の顔のバランスが崩れたりもします。

マッサージでクセをリセットして、本来の〝美しい小顔〟に！

どんなに高価な化粧品を使っても、〝顔のクセ〟や〝滞《とどこお》り〟を取り除くことはできませんが、本書で紹介する最新リンパマッサージなら、こうした悩みにも対応できるのです。顔を的確な手技で効率的にさすったりもみほぐしたりすることで、筋肉のコリがほぐれ、リンパの流れがスムーズになり、老廃物や余分な水分の排泄が促されて、顔がすっきりしてきます。

本書で紹介する小顔マッサージは、芸能人やモデルといった別の誰かを目指すのではなく、余分なものをリセットすることで、あなたの骨格に合った本来の美しい顔に戻すもの。顔の骨格を変えることはできませんが、本来のあなたの顔は、体とのバランスがとれたちょうどいい大きさをしているはずです。それなのに「顔が大きい」と感じるのは、コリやむくみ、セルライトなどがついている可能性が高いと言えます。逆に考えればこれら余分なものを取り除けば、本来の小さな顔を取り戻すことができるのです。

顔の大きさ以外にも、マッサージで改善できることはたくさんあります。たとえば小顔のために首をマッサージしていたら、いつのまにか体も痩せていたりします。

毎日続けることで、肌悩みや長年のコンプレックスも解消！

本書のマッサージには、顔の形や大きさだけでなく、肌悩みを改善するものもあります。これは、マッサージによって血液やリンパの流れがよくなると、肌の細胞に十分な栄養がいきわたるようになり、肌の新陳代謝が活発化することによるもの。

ぜひ、顔のマッサージを、毎日のケアとして取り入れてみてください。むくみなど、1回で効果がわかるものもあり、試してみると、その変化に驚くはずです！ しわなどのしつこい悩みも、継続することで徐々に改善していくでしょう。

本書では、朝起きたときのむくみや徹夜明けのくまなど、比較的効果のあらわれやすい〝即効リンパ〟と、慢性的な悩みに本気で取り組む〝じっくりリンパ〟の2つのプログラムを用意。また、グッズやプロの技を使ってさらにマッサージと小顔効果を高める方法も伝授します。

小顔マッサージは、あなたの魅力をあらゆる面から大幅にアップさせる、女性にとって一生役立つ心強いメソッドと言えます。さっそく今日から美しく生まれ変わる気持ちでケアを始めてみてください！

1度で激変！

小顔リンパマッサージ体験談

「1回でも」「すぐに」悩みが改善でき、さらに続けることで大きな変化が得られるのが、
リンパマッサージのすごいところ。そこで、3名の方に1度だけの即効セルフケアを、
もう1名の方には、1カ月のじっくりケアを実践していただきました。

Case1

むくみがとれて顔全体がスッキリ！目もパッチリ大きくなった！

東京都　H・Yさん（21歳）

ベーシック＋即効を実践！

目が少しはれぼったい印象
顔全体がむくんでいる様子

目がパッチリ大きくなりました
顔全体がきゅっとしまりました

顔が一回り小さくなりメイクなしで目力UP！

『小顔になりたい』とは思っていたけど、顔が大きく見える原因がむくみだなんて、自分ではよくわかりませんでした。先生に診てもらったら、首がガチガチにこっていて、ここだけ見れば体年齢は50代と言われてびっくり。自覚していなかったけど、姿勢が悪かったのかもしれません。『首のコリを改善すれば、顔全体の流れがよくなるので、むくみがとれてスッキリするはず』という先生のアドバイスを受けて、首・デコルテ、小顔ベースケア（P.22）、目を大きくするケア（P.38）を体験。

やってみると、もともと二重ですが、目がぱっちりしたというか、目のラインがくっきりした感じ。必死にアイラインを引くより、マッサージしたほうがいいなと思いました（笑）。あと、あごから頬にかけてのラインが、ちょっとスッキリしたかなと思います。

先生からひと言アドバイス！

「特に目の周辺は、むくみやコリの影響が出ていました。首コリがかなりひどかったので、ケアを続けて改善しましょう」

Case2

フェイスラインがスッキリし あごがシャープな印象に

東京都　Y・Kさん（21歳）

私の悩みは、顔のラインがぼんやりしていることでした。そこで、フェイスラインをスッキリさせるマッサージ（P.26）を体験。顔のマッサージは初めてでしたが、思ったほど難しくはないですね。体験後に鏡を見ると、本当に1度で効果が出てびっくり！「マッサージは頑張って続けるもの」と思っていましたが、これなら、必要なときにできるのがうれしい。

先生からひと言アドバイス！

「ラインがスッキリすると、サイズが大きく変わらなくても印象が変わります。大事な日の朝や前の日の夜に、ぜひケアしてみて」

即効 を実践！

「あごの印象がシャープだと、大人っぽいメイクも映えそう！」

Case3

子供っぽく見える頬の お肉がスッキリした！

東京都　I・Aさん（20歳）

子供のころは「可愛い」と言われたぷっくり頬ですが、最近だんだんコンプレックスに……。ハイライトとシャドーを入れて、なんとかメイクでごまかそうとしていました。まさか、こんなところのお肉がセルフケアで取れるなんて、思っていませんでしたね。マッサージをしてみると、頬だけでなく顔全体がじんわり温かくなって、「これは効きそう！」と実感できました。

先生からひと言アドバイス！

「短時間でしたがまずはむくみが取れて、頬がスッキリしましたね。ただし、顔のお肉を取るにはじっくりケアが大切。ぜひ続けてくださいね」

ベーシック を実践！

「大事なデートの前には、絶対やらなきゃって思います」

Case4

小顔になっただけでなく ダイエットにも成功！

東京都　K・Sさん（39歳）

顔が丸く、パーツがぼやけているのが悩みでした。「ブーブー」というあだ名までつけられて、一時は食事制限ダイエットを考えましたが、プロに診てもらうと原因は脂肪ではなくむくみと発覚。マッサージで気持ちよく改善できるなら、と治療院に通いセルフケアも続けたところ、顔が小さくなり、食欲まで落ち着いてびっくり。以前はストレスで過食気味でしたが、結果的に5キロのダイエットにもなりました。

先生からひと言アドバイス！

「首のコリが改善されると心身ともに健康になります。以前よりスッキリして、さらに小顔になりましたね」

じっくり ＋ ワンランクup! を実践！

「小顔効果に驚いて、体のマッサージも継続中です！」

意識すれば、マッサージ効果が倍増！

そもそも〝リンパ〟ってどういうもの？

前頁で少しだけ触れた〝リンパ〟。名前だけは知っている、という人も多いのではないでしょうか。リンパの働きは、小顔になるための大きなカギとなります。しっかり理解して意識しながらマッサージを行なえば、さらに効果も上がります。

〝リンパ〟は体中に張りめぐらされている！

私たちの体には、静脈に沿って「リンパ管」という管があり、血管と同じように、網目状に全身に張りめぐらされています。「リンパ管」には、その中を流れている「リンパ液」があり、ひざの裏（膝窩《しっか》リンパ節）、太ももの付け根（鼠径《そけい》リンパ節）、脇の下（腋《えき》窩《か》リンパ節）、鎖骨（鎖骨《さこつ》リンパ節）、首（頸《けい》部《ぶ》リンパ節）などの場所には、リンパ液を集めて浄化するという、フィルターのような働きをするリンパ節があります。これらを総称して、〝リンパ〟と呼んでいます。

顔にも多くのリンパがあり、顔から首、そして耳の周辺は特に多い部分でもあり、小顔になるための大切なポイントです。

リンパの役割は〝浄化〟と〝免疫〟

リンパ液が運んでいるのは、体の老廃物や余分な水分。これらがリンパ節に集められ、最終的にはリンパ管から静脈に注がれ、不要な水分が内臓に送られた結果、尿として排泄されるしくみです。しかし、体が冷えていたり筋肉がこっていると、リンパの流れが滞《とどこお》ってしまい、体内に余計な水分がたまって顔や体がむくんだり、さらに、水分代謝が衰えると肌ツヤが悪くなるなどの悪循環を引き起こしてしまいます。

一方でリンパには免疫機能もあり、病気やケガをしたときに病原体や異物から体を守る働きもあるため、リンパの流れをよくしておくことは、健康のためにも大切なのです。

リンパを流すには運動かマッサージが効果的

血液は心臓からポンプのように送り出されますが、リンパにはそうした器官がありません。通常は筋肉の運動がリンパを刺激し、流れを促進しています。そのため、運動不足になるとリンパが滞《とどこお》りがちになってしまうのです。

そこで、なかなか運動ができない人におすすめなのがマッサージです。手のひらで体をさすってリンパを流すとともに、筋肉のコリがほぐれることで、筋肉の間を流れるリンパがスムーズに流れるようになるのです。リンパは体の末端から中心へと流れているので、心臓から遠いところから各リンパ節に向けて行なうと効果的です。

全身のリンパとその症状

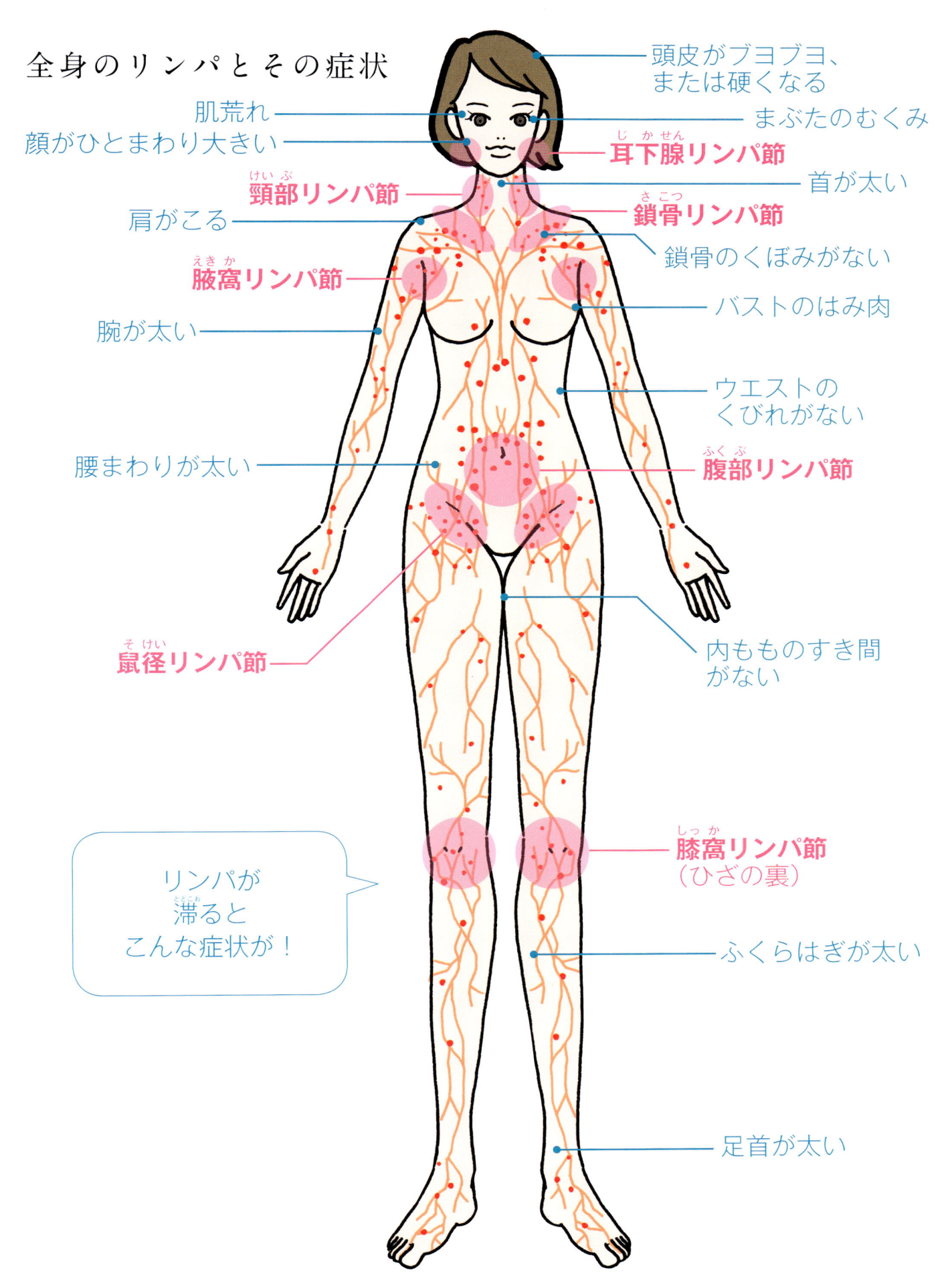

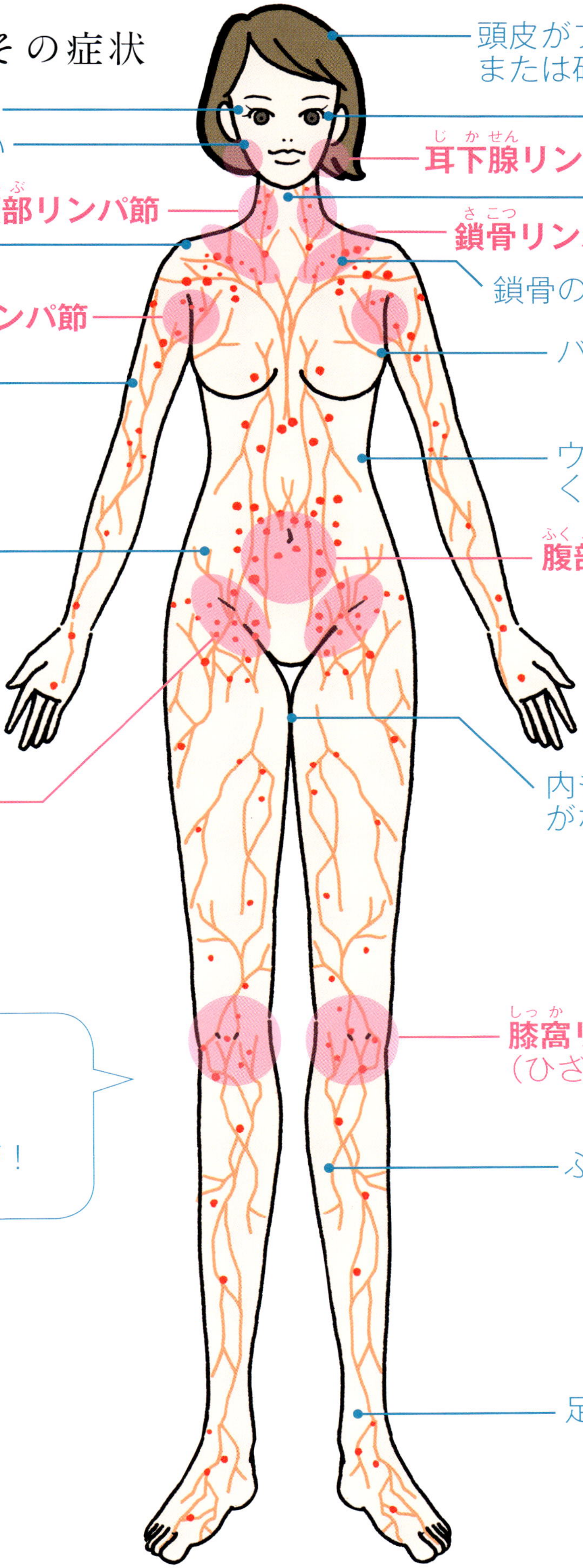

集中ケアがイイのはワケがある！顔・首はこんなに重要な場所

顔や首のケアが重要なのは、人目につきやすいからだけではありません。筋肉やリンパ、神経といった体の構造からしても、とても大切な場所。ここを集中的にケアすれば、あなたの全身のキレイにつながります！

顔の筋肉は複雑だから、正しいケアが必須！

笑った顔や怒った顔など、顔の表情をつくるのは、皮膚の下にある筋肉です。前頭筋、眼輪筋、口輪筋など、皮膚の下には〝表情筋〟と呼ばれる筋肉が、何層にも重なっています。そして年齢を重ねると、長年の表情のクセによって、発達した筋肉とそうでない筋肉の差が出てくるのです。顔は、小さな筋肉が複雑に重なっているため、「自分は表情豊かだから大丈夫」と思っていても、動かしていない部分は必ずあるもの。また、悩みを解決するには、さする方向など、細かい部分も正しい方法でマッサージを行なう必要があります。ボディ以上にていねいに、そして慎重にケアすべき部位が顔なのです。

リンパ・血管・神経・ツボ 顔と首には大切な器官が集中

顔のケアが大切な理由は、ほかにもあります。顔や首は狭い範囲であるにもかかわらず、たくさんのリンパや血管、神経、ツボが集まっています。そのため、流れが滞《とどこお》ってしまうと、その症状が目に見えてあらわれてしまうのです。飲み過ぎた翌朝、体に不調を感じなくても、顔のむくみや顔色の悪さが気になるのはこのためです。

しかし、きちんとケアをすればそれだけ効果が出やすく、少ない労力で効率的にケアができる部位とも言えます。顔や首をマッサージすることで、見た目の悩みが解消されるだけでなく、体の不調まで改善されたり、全身が痩せることもあるのです。

細い首には、頭部と体をつなぐ重要な役割が

小顔を目指す方に特におすすめしたいのが、首のマッサージです。本書でも多く取り入れている首は、リンパの流れの最終地点ともいえる場所で、ここがこって滞《とどこお》っていては、首も、その上にある顔も太くなります。脳と全身をつなぐ部分ですから、全身のめぐりにも影響します。

また、首は重い頭部を支えていることで負荷がかかりやすく、目の疲れや姿勢の悪さにも影響を受けるので、一段とこりやすい部分でもあります。ぜひ、顔のマッサージと併せて、P.22の首のマッサージを行ないましょう。首のコリが改善されると体調もよくなり、頭までスッキリしてきます。

顔の筋肉イメージ図

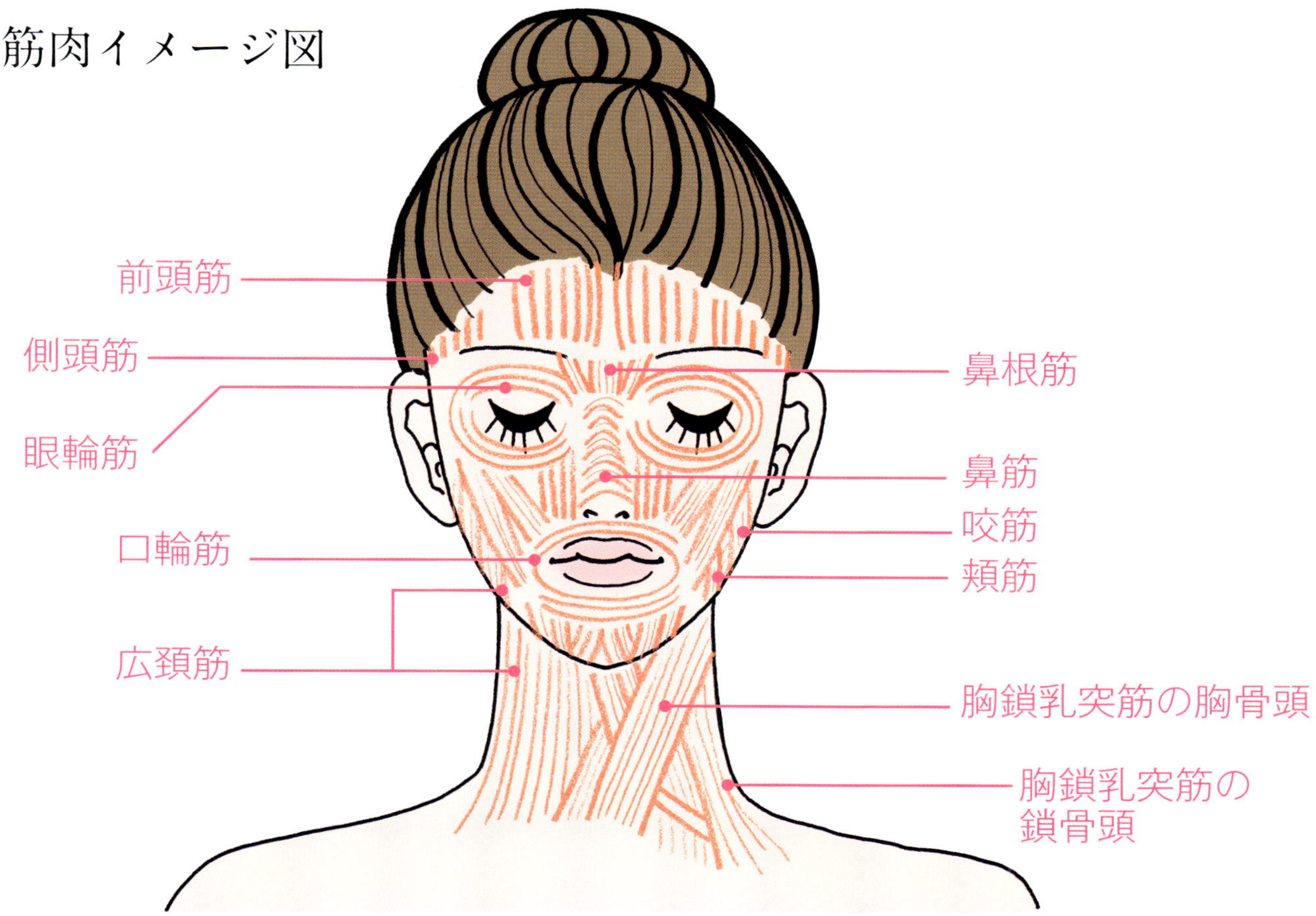

顔のリンパイメージ図

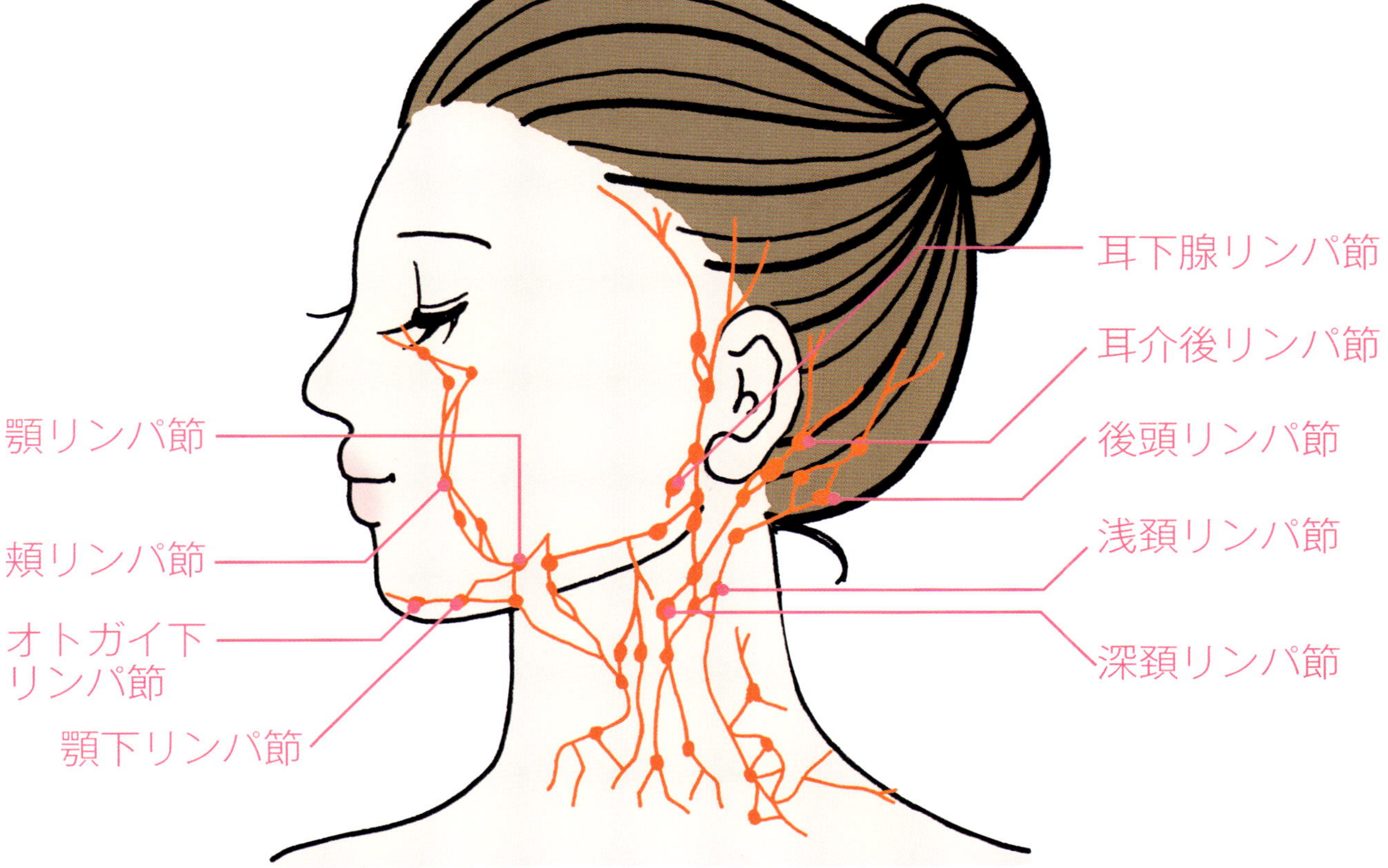

小顔リンパを始める前に……

Q&A

顔のマッサージを自分でするのは初めて……という人でも大丈夫！
コツさえ押さえれば、より効果的なセルフマッサージができるようになります。
ここでは、よく寄せられる質問にお答えします。

Q 顔をマッサージするのが怖いです

正しい方法で行なえば安心です！

顔はとても繊細な部分。正しくマッサージを行なわないと逆効果になることもあるので本に書いてある方法や手技は、必ず守ることが大切です。自分が「気持ちいい」と感じる部位を、力を入れすぎず、しっかりテクニックをマスターして正しく行なえば、心配はありません。

不安な人は、まずはベーシックリンパなど、シンプルな全身マッサージから始めましょう。少しずつ、自分の体の状態や、小顔効果がわかって、安心して取り組めるはずです。

Q いつ行なうのが効果的？

お風呂上りor洗顔後に行ないましょう

リンパマッサージは、体が温まっているときに行なうと効果が上がりやすいので、ベストなのはお風呂上り。また、朝の洗顔後など、顔が清潔なときに行なうのもいいでしょう。本書で紹介しているマッサージの中には、くまやむくみといった悩みを改善するメソッドも紹介しているで、メイク前に行なうのもおすすめ。マッサージ効果で血行もよくなり、メイクのノリもアップ！　冷えている場合は、マッサージの前に、蒸しタオルで顔や首を温めるとより効果的です。

Q マッサージオイルは使った方がいいの？

効果を高めるためにぜひ使いましょう

マッサージを行なう際には、なるべくオイルを使うことをおすすめします。滑りがよくなりマッサージ効果が高まるだけでなく、マッサージしながら塗ることでオイルが肌に浸透しやすくなり、保湿などの効果も、より高まります。

オイルは、化学的な合成物が入っていない、肌質に合ったピュアなものを選んで。マッサージ用に配合されたものを使ってもかまいませんし、手作りコスメ用に市販されているオイルに、自分好みの香りを加えるのもいいでしょう。敏感肌の人でも使えるスウィートアーモンドオイルやスクワランオイル、人の皮脂の成分構造に近く「肌の悩みに万能のオイル」ともいわれるホホバオイル、さらっとした感触でマッサージしやすいグレープシードオイルなど、さまざまな種類があります。

　また、外出前や脂性肌などでベタつきが気になる場合はジェルやローションで代用して、日々のケアを楽しみましょう。

Q マッサージだけで本当に顔やせできる？

効果を感じにくい場合はボディに原因があることも

内臓が弱るとくすみや肌荒れになるように、顔と全身はつながっています。

　また、ふっくらした人が顔やせしたいなら、全身もバランスよくやせることが必要になるかもしれません。効果を感じにくい人は、「じっくり編」の顔以外のボディや、ベーシック編の全身マッサージを並行して行なってみてください。

Q マッサージは、強い方がいいの？

やりすぎはNG。やさしく行なって

顔は、とても繊細な部分です。さするときは決して力を入れず、指の腹でなぞるようにマッサージしてください。顔全体やツボを押すときなども、「気持ちいい」と感じる程度の力で行ないましょう。

　また、マッサージは一度にたくさん行なうのではなく、続けることが大事。一度に行なうのは1～3種類程度、1日2回くらいまでを目安に。特に「じっくり編」は、少しずつでも毎日続けるようにしましょう。

Q 何か注意点があれば教えてください

リンパマッサージは、体に影響を与える大きなパワーを持っています。次の注意を必ず守ってケアを行ないましょう。

●効果を高めるため、衣服の上からではなく、なるべく皮膚に直接ふれて行なう。オイルやジェルを使うとより効果的。
●マッサージ後は血行がよくなるので、常温の５００ｍｌ程度の水分を摂る。
●食後2時間以内や飲酒後、病気やケガをしているとき、妊娠初期は控える。
●肌にトラブルがある場合は、その部位を避けてマッサージを行なう。
●症状がひどい場合やマッサージをしても効果が見られないときは、専門家に相談を。

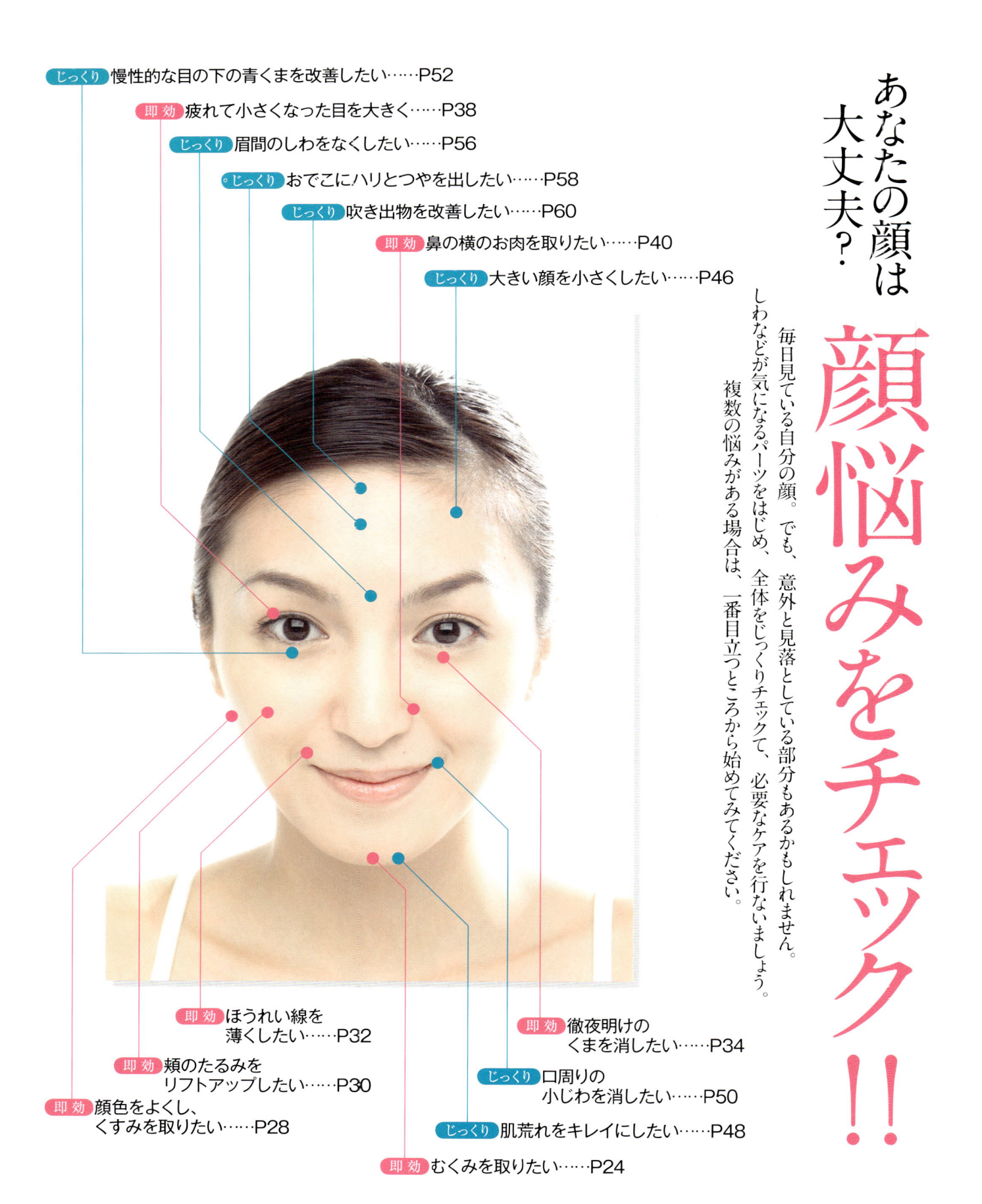

あなたの顔は大丈夫？

顔悩みをチェック!!

毎日見ている自分の顔。でも、意外と見落としている部分もあるかもしれません。しわなどが気になるパーツをはじめ、全体をじっくりチェックして、必要なケアを行ないましょう。

複数の悩みがある場合は、一番目立つところから始めてみてください。

- じっくり 慢性的な目の下の青くまを改善したい……P52
- 即効 疲れて小さくなった目を大きく……P38
- じっくり 眉間のしわをなくしたい……P56
- じっくり おでこにハリとつやを出したい……P58
- じっくり 吹き出物を改善したい……P60
- 即効 鼻の横のお肉を取りたい……P40
- じっくり 大きい顔を小さくしたい……P46

- 即効 ほうれい線を薄くしたい……P32
- 即効 頬のたるみをリフトアップしたい……P30
- 即効 顔色をよくし、くすみを取りたい……P28
- 即効 徹夜明けのくまを消したい……P34
- じっくり 口周りの小じわを消したい……P50
- じっくり 肌荒れをキレイにしたい……P48
- 即効 むくみを取りたい……P24

本書の使い方

本書では、いくつかの種類に分けてマッサージを紹介しています。あなたの症状や、目的に合わせて選んでください。

ベーシック リンパ

「悩みがたくさんありすぎて、マッサージを選べない!」、「予防的にセルフケアをはじめたい」、そんな人におすすめしたいのが、ベーシックリンパです。まずはキレイの力を底上げするトータルケアを実践してみて。

即効 リンパ

顔のむくみなど、比較的改善しやすい症状や、徹夜明けでできたくまなど、短期的な悩みに対応するマッサージです。朝起きて気なったところをケアしたり、大事な日の勝負顔づくりに活用してください。

じっくり リンパ

長年蓄積された顔悩みには、じっくり時間をかけてケアすることが必要です。しわや慢性的なくまなどのしつこい悩みには、毎日継続することで効果があらわれるタイプのマッサージをご紹介します。あきらめずに、続けることが大切です。

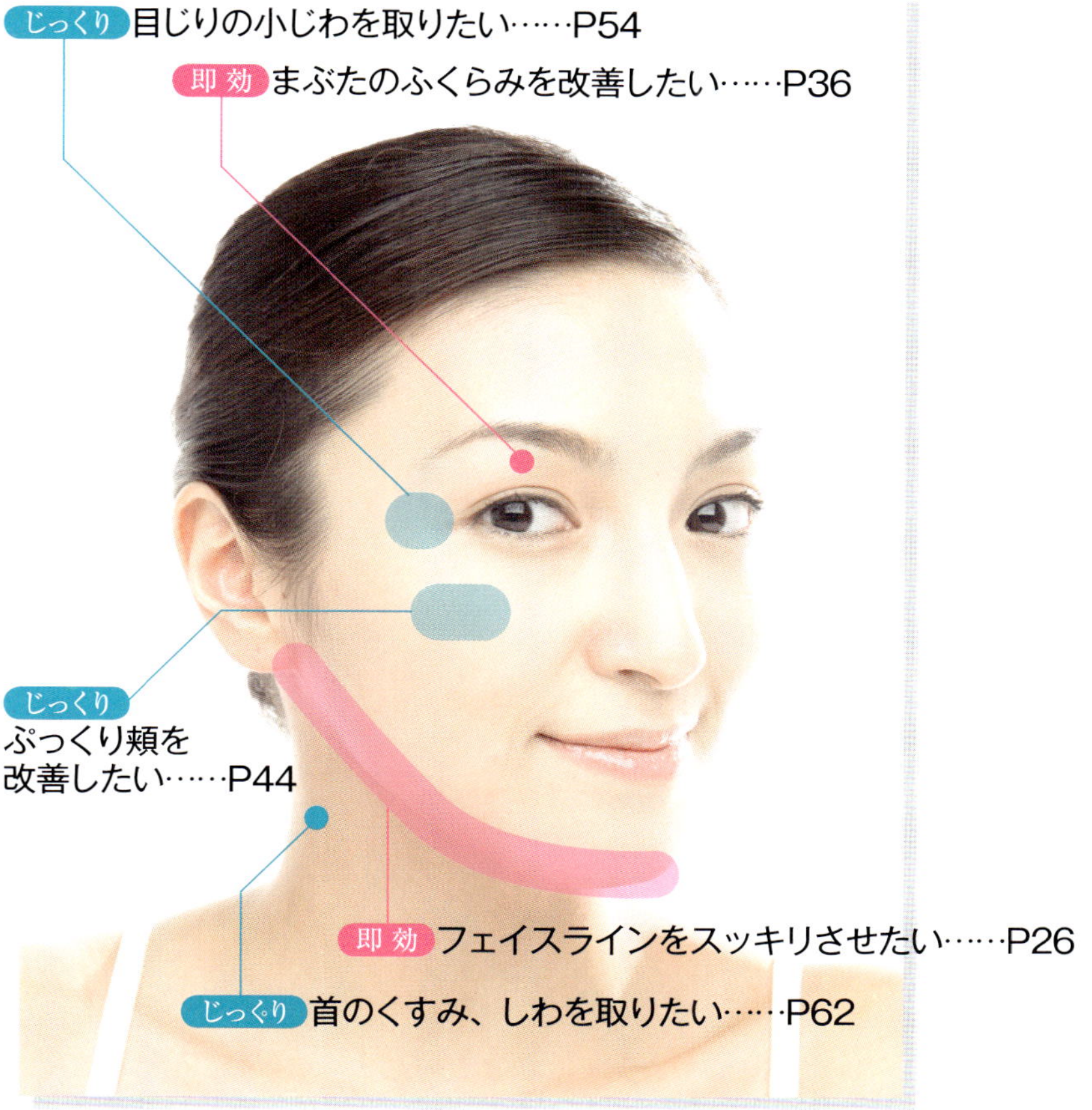

顔以外のこんな悩みも改善!

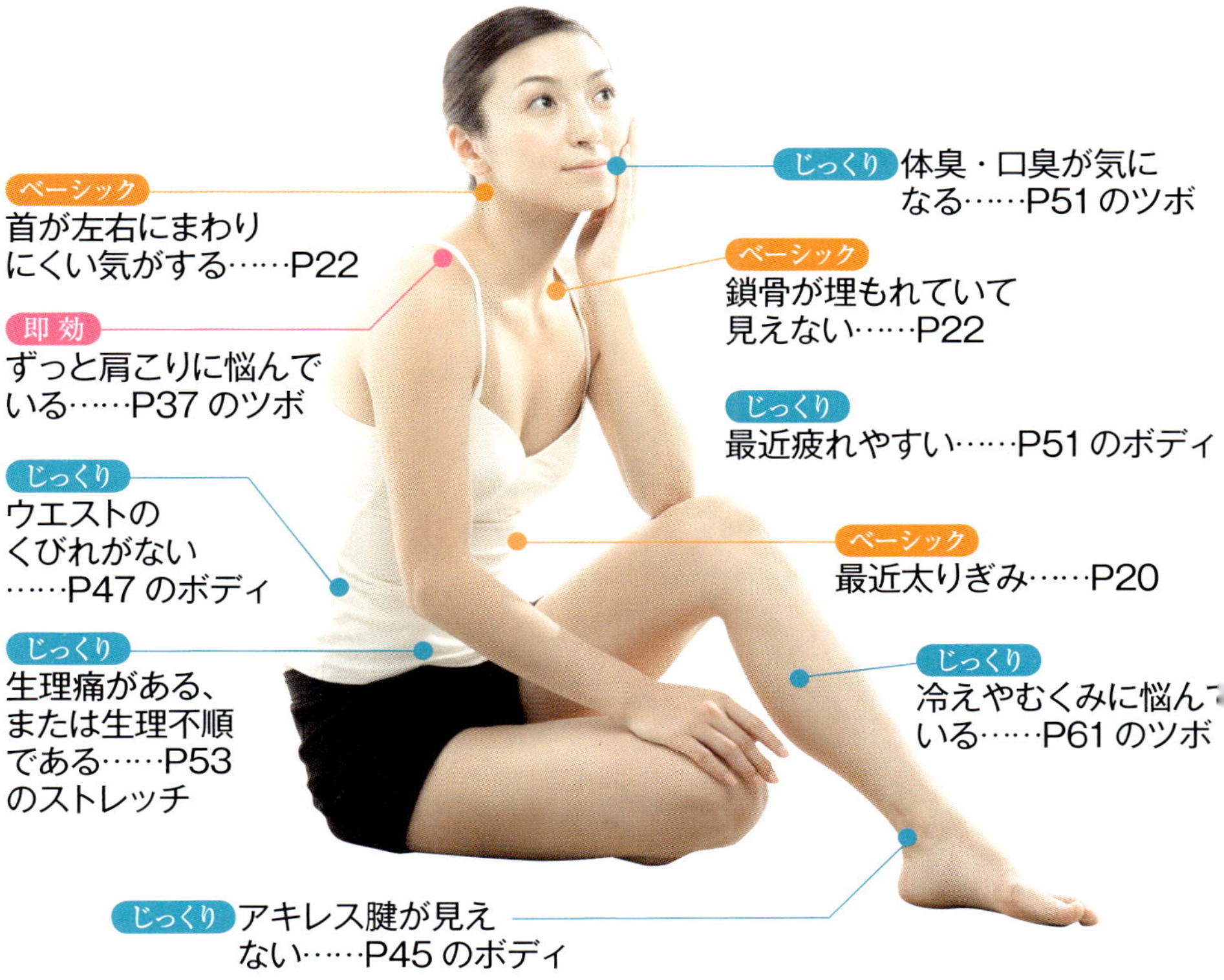

しっかり覚えれば効果UP! 基本のテクニック

マッサージは、手の使い方や力の入れ方がポイントです。顔はデリケートな部分なので、手などで練習してコツをつかみましょう。基本の手技を意識しながら行なえば、効果は何倍にも高まります。

おす（圧迫《あっぱく》法）

四指圧迫法（ししあっぱくほう）
親指以外の4本の指を使って押す方法。広い場所を、まんべんなく圧迫できます。指の腹を密着させて押します。
※ほかに、手掌圧迫法や母指圧迫法などもあります。

二指圧迫法（にしあっぱくほう）
人さし指と中指の2本指を使って押す方法。狭い場所を圧迫する際に使う手技です。強くなりすぎないように、やさしく押しましょう。

もむ（揉捏《じゅうねつ》法）

四指揉捏法（ししじゅうねつほう）
親指以外の4本の指を肌にあてて、円を描くように指を動かし、もみほぐします。皮膚はあまり動かさないようにしてもむのがコツ。

二指揉捏法（にしじゅうねつほう）
人さし指と中指の2本指を肌にあて、指先を軽く動かして気持ちいいと感じる強さでもみほぐします。少し強めにもむときは、人さし指と親指でつまむようにもみます。

マッサージの注意点

1.
「気持ちいい」程度の強さで

特に顔には、やさしく行なうように心がけてください。強すぎる刺激は肌への負担になるばかりでなく、逆効果になることもあります。

2.
清潔な手指で行なう

マッサージを行なう部位、手指は清潔にしておきましょう。洗顔後や入浴後がおすすめです。長すぎる爪も、肌を傷めるのでNGです。

3.
皮膚に異常がある部位には行なわない

キズやニキビのあるところは避けて行ないます。湿疹など広範囲に異常がある場合は、治るまでマッサージを控えましょう。

4.
十分な水分補給をする

マッサージをすると、血液やリンパの流れがよくなります。マッサージ後は、500ml程度の水分補給をするといいでしょう。

5.
左右バランスよく行なう

左右同じくらいの回数を、バランスよく。早く効果を出したいなら、状態をみながら1クールずつ多く行なってもかまいません。

6.
コンタクトをはずす

目の周りをマッサージする際に、コンタクトがずれたり外れたりするおそれがあるので、マッサージ前にコンタクトをはずしましょう。

7.
顔や体を動かしながら行なう

マッサージは指先や手先だけで行なうのではなく、顔や体を傾けたり向きを変えたりと全身を動かしながら行なうと、より効果的です。

さする（軽擦《けいさつ》法）

四指軽擦法（ししけいさつほう）
親指以外の4本の指の腹でさすります。力を入れすぎないよう、軽くなでるくらいの気持ちで行なってください。
※ほかに、手掌軽擦法や母指軽擦法などもあります。

二指軽擦法（にしけいさつほう）
人さし指と中指を肌にあて、やさしくなでるようにさすります。口や目の周りでは、指を広げて、はさむようにさすることも。

たたく（叩打《こうだ》法）

指先叩打法（しせんこうだほう）
親指以外の4本の指の腹で、下から上に、持ち上げるような気持ちで軽くたたきます。左右の手を交互に使いましょう。

指頭叩打法（しとうこうだほう）
指の先を使って、はじくようにやさしくたたきます。頭の場合は、手を丸めて、5本の指を使ってトントンと軽くたたきます。

迷ったらまずはコレ!

ベーシック編

悩みが多い、予防として行ないたいなどの場合は、ベーシック編を。全身と顔周りの流れをよくして、美顔力を底上げしましょう。

むくみや肌荒れなどは、顔ではなく体の不調が原因ということも。
まずは全身のマッサージを行なって、体全体のめぐりをよくしましょう。
毎日続けるうちに、ダイエット効果も期待できます。

1 足裏を押す

両手の親指で、足裏全体を押していきます。硬いところや冷たいところは、念入りに。足の甲や指ももみほぐします。

2 ふくらはぎをさする

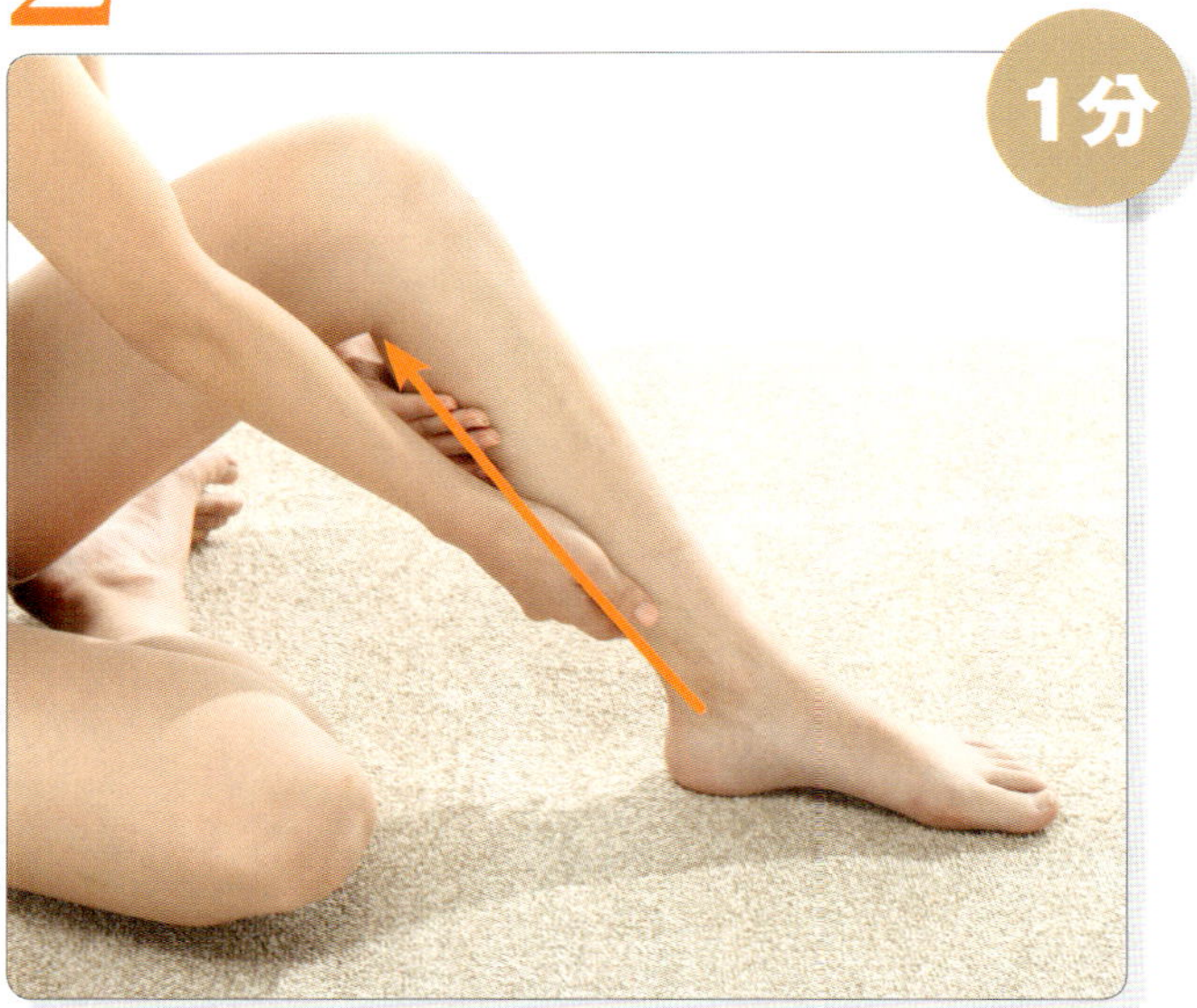

アキレス腱からひざの裏まで、脚をさすり上げます。気持ちいいと感じる程度の強さでさすります。

5 腰からヒップをさする

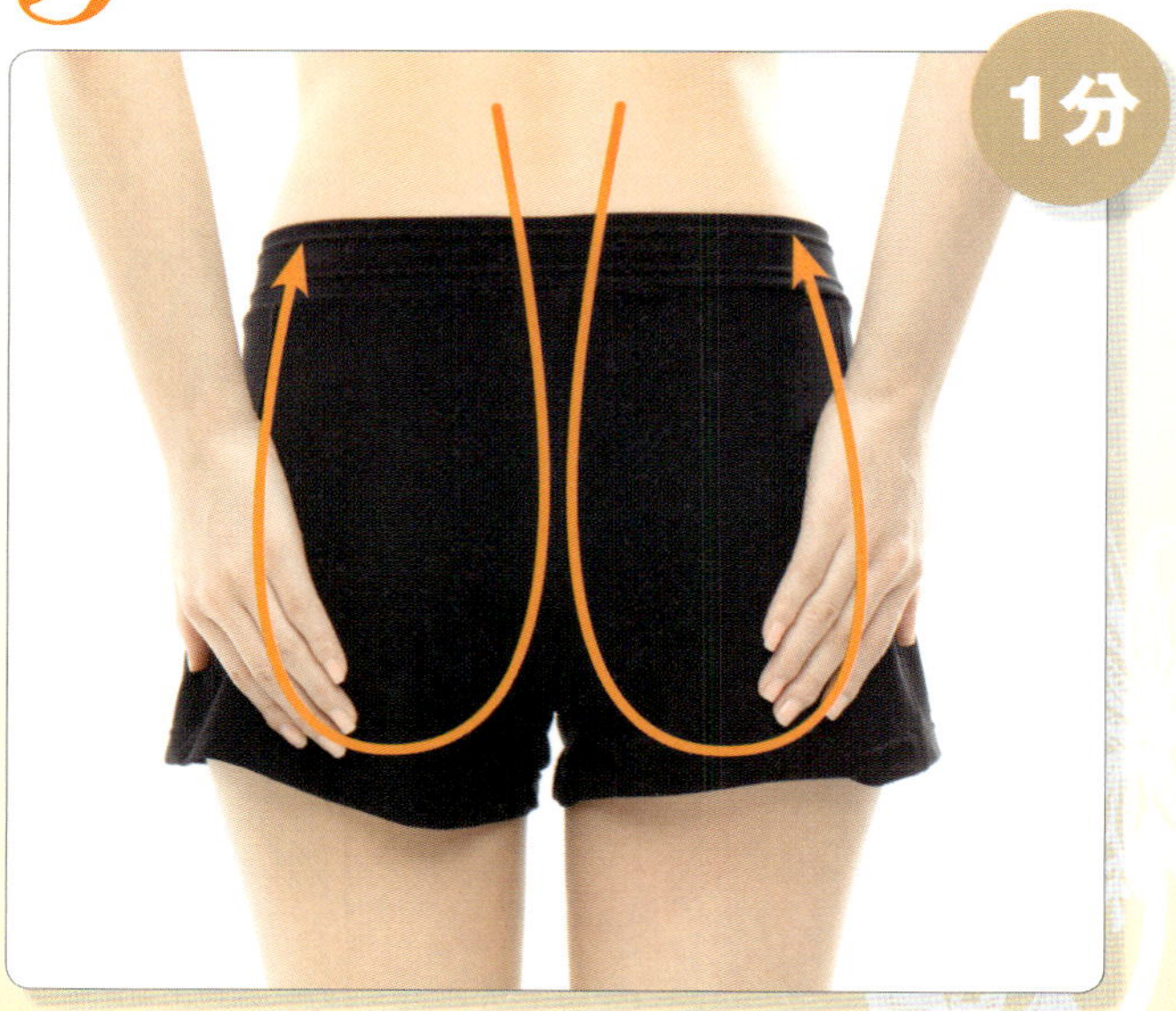

腰に両手の手のひらをあててさすり下ろし、ヒップラインに沿って円を描くように、さすり上げます。

6 お腹をさする

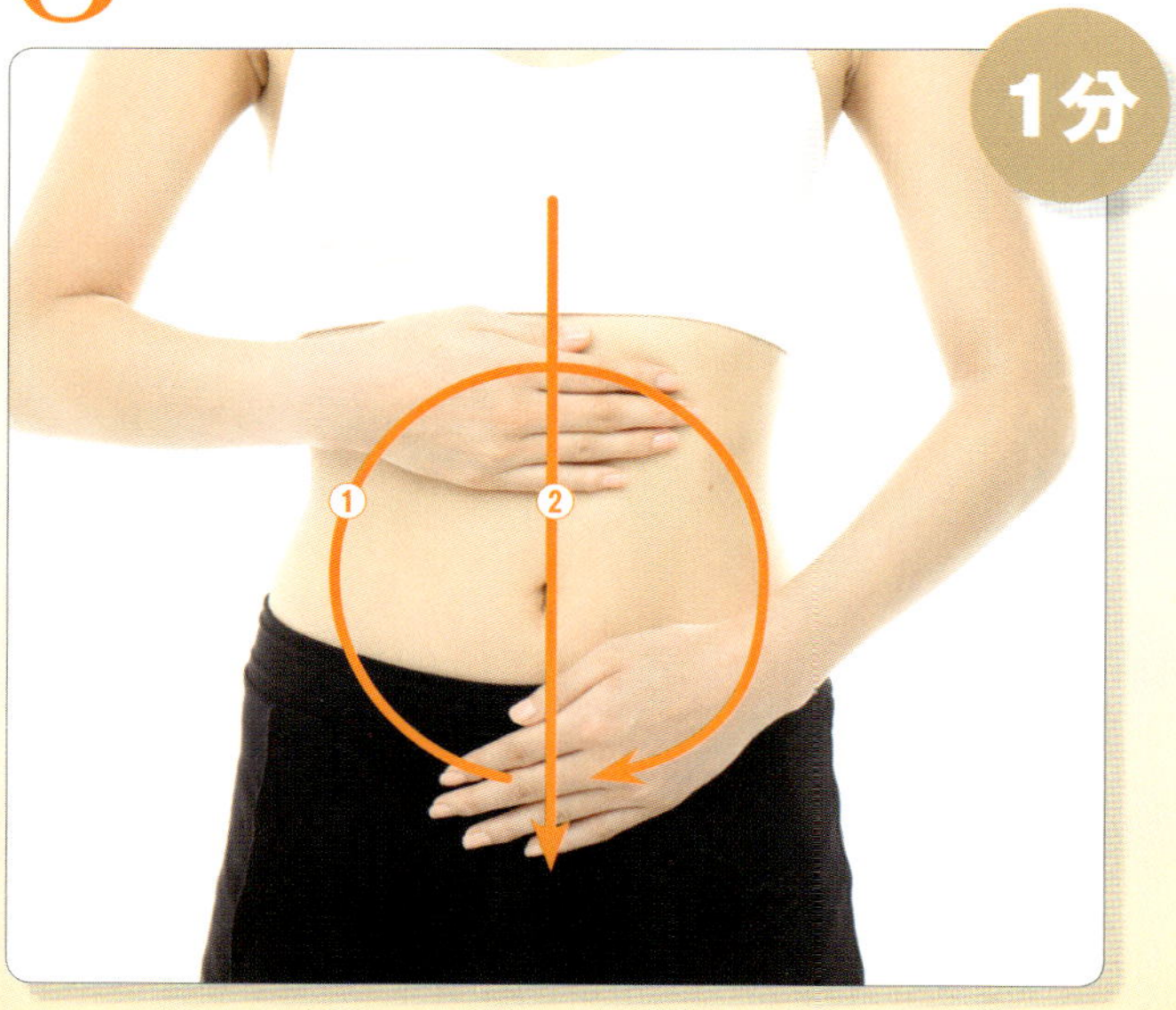

①おへそを中心に時計回りにお腹全体をさすります。②おなかの中心を、みぞおちから下腹部までさすります。

ベーシック
小顔リンパ
1

小顔力・美顔力を底上げする！

全身マッサージ

3 太ももをさする

両手の手のひらを交互に使って、ももの内側を、そけい部に向かってさすります。

4 背中を手のひらでさする

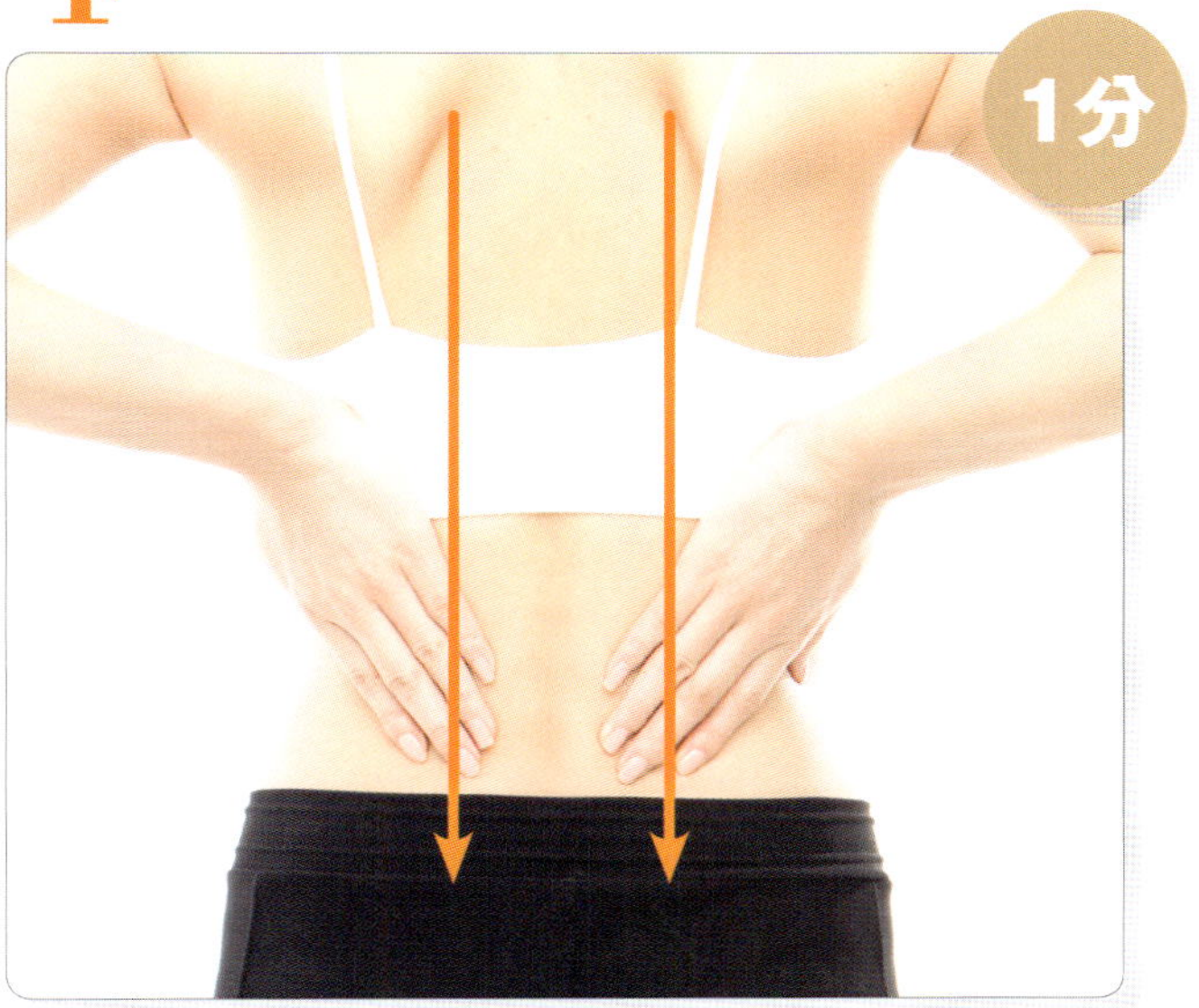

両手を背中にまわします。できるだけ高い位置に手のひらをあて、腰までさすり下ろしましょう。

7 腕をさする

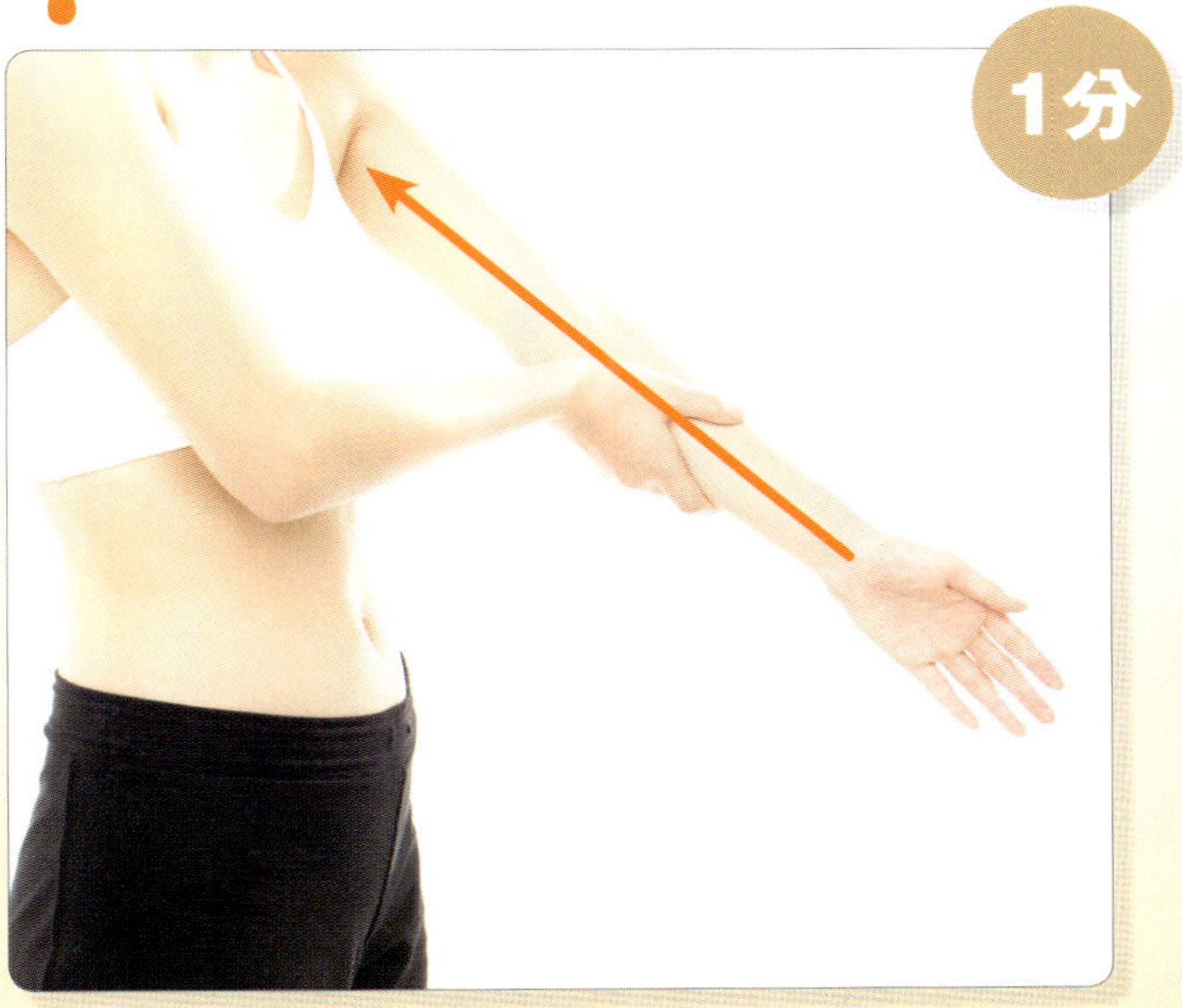

片方の手で手首をつかみ、手のひらで手首から脇の下に向かってさすり上げます。腕の内側と外側も行ないましょう。

8 バストのまわりをさする

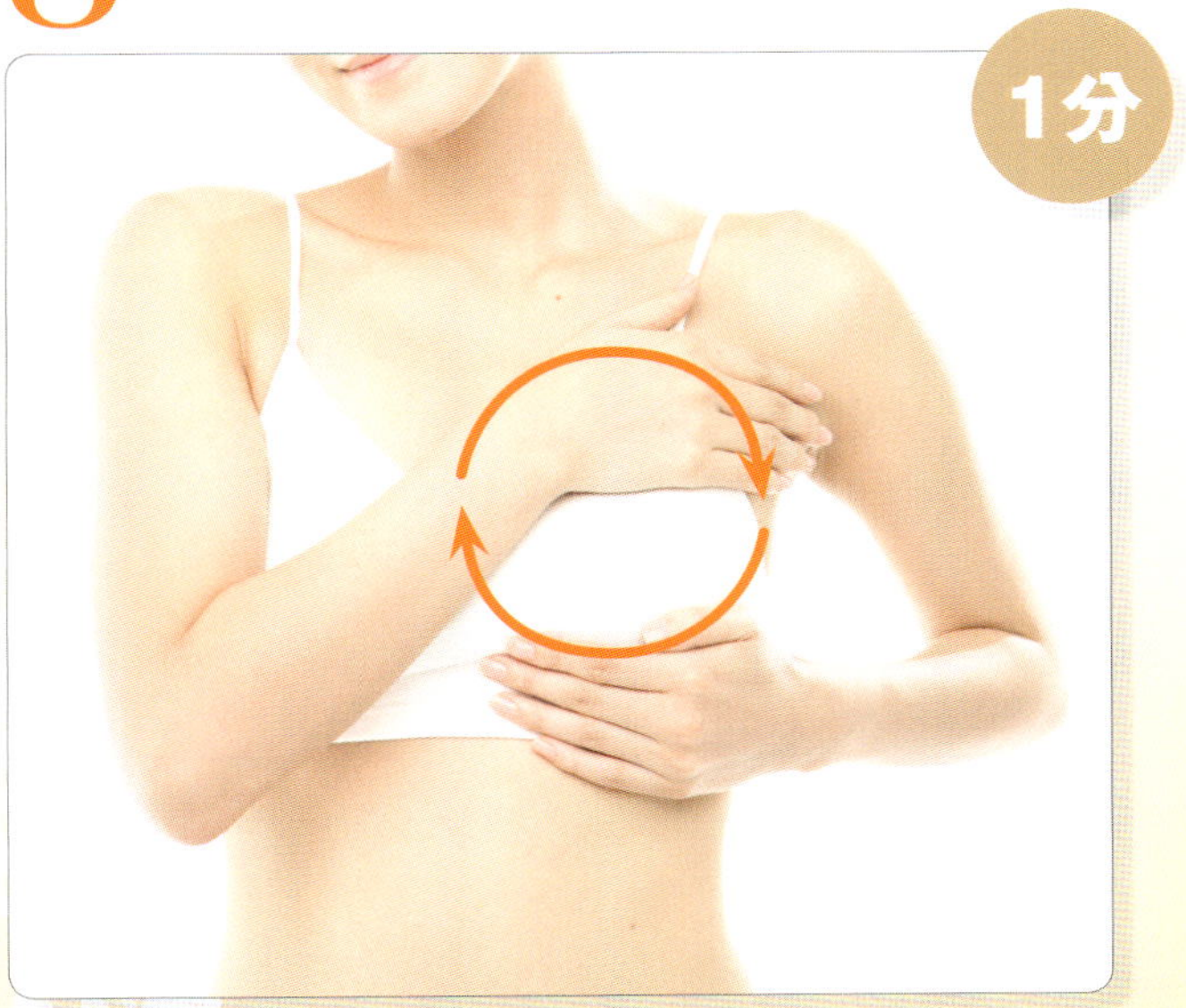

バストの丸みに沿って、両手を上下にあてます。上は中央から脇へ、下は脇から中央に向かってやさしくさすります。

ベーシック
小顔リンパ
2

コリをもみほぐしてスッキリした小顔に！

首・デコルテケア

多くのリンパや血管、神経の集まる首やデコルテ周辺。
ここをマッサージすることで、顔はもちろん、全身のめぐりが改善されます。
肩こりや首こりが改善されるうれしい効果も期待できます。

1 鎖骨をさする

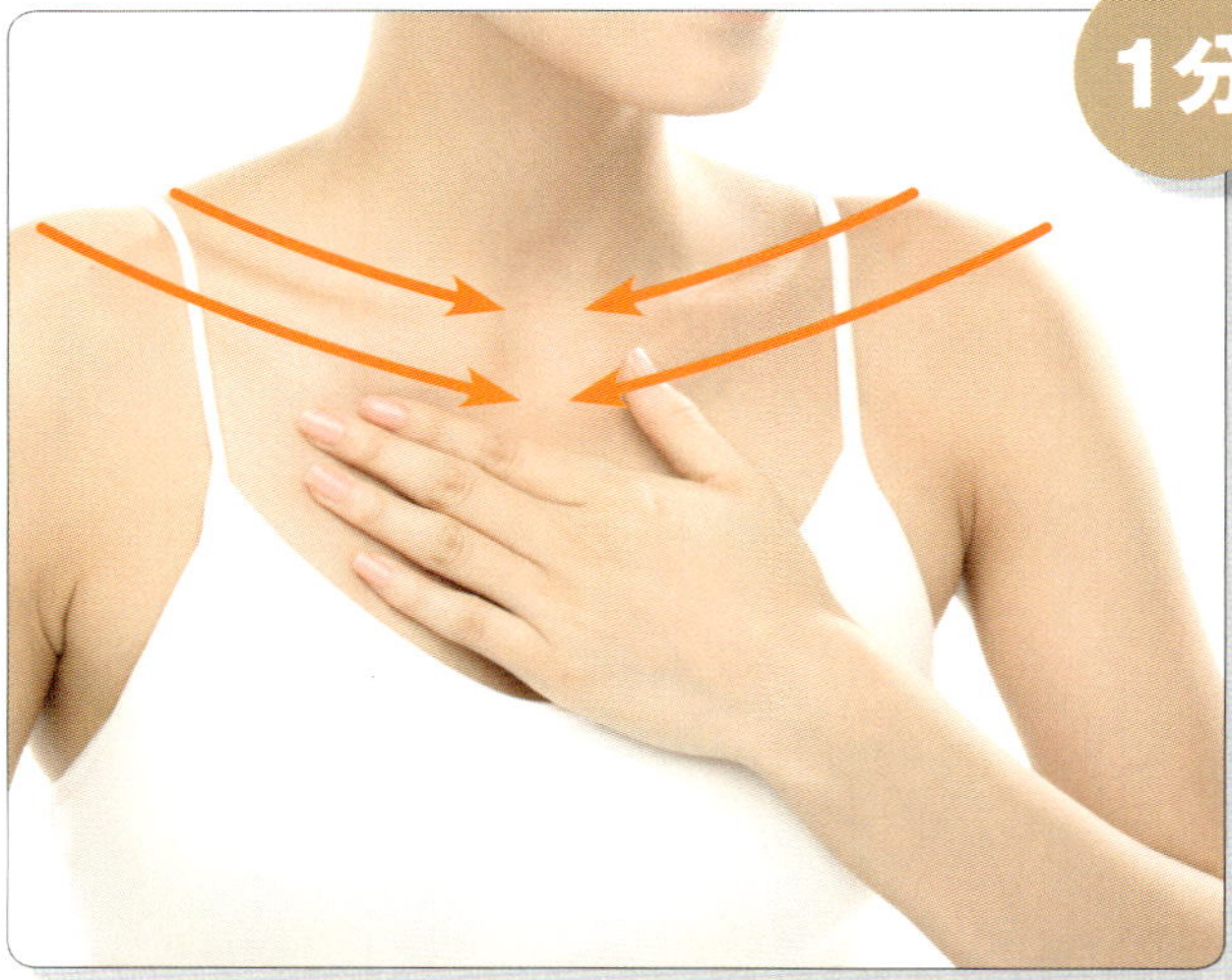

親指以外の4本の指で、鎖骨の上下を肩先から中央に向かってさすります。

2 鎖骨のくぼみを押す

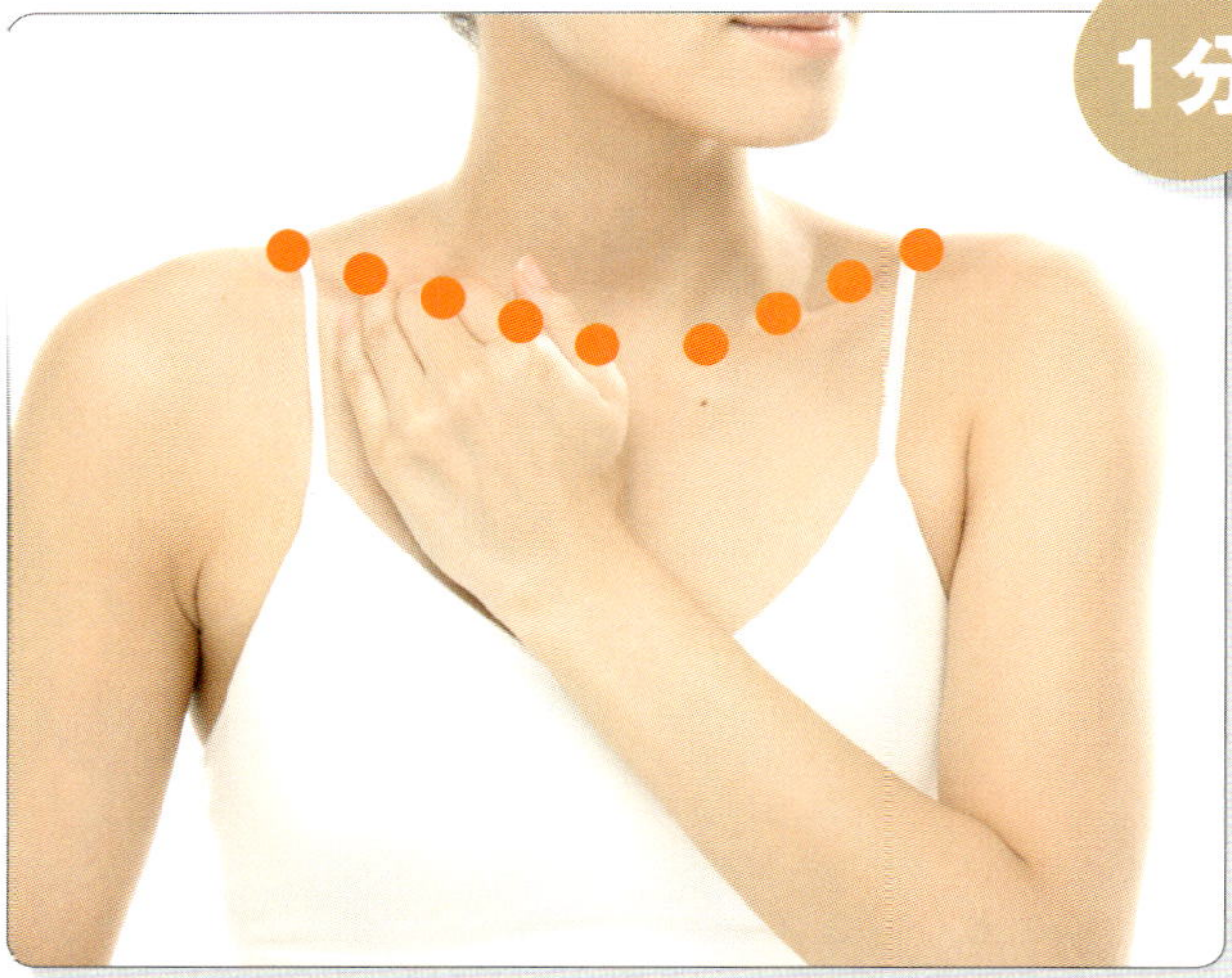

鎖骨の上にあるくぼみを、親指以外の４本の指を使って、肩先から中央に向かって少しずつ押していきます。

3 デコルテをさする

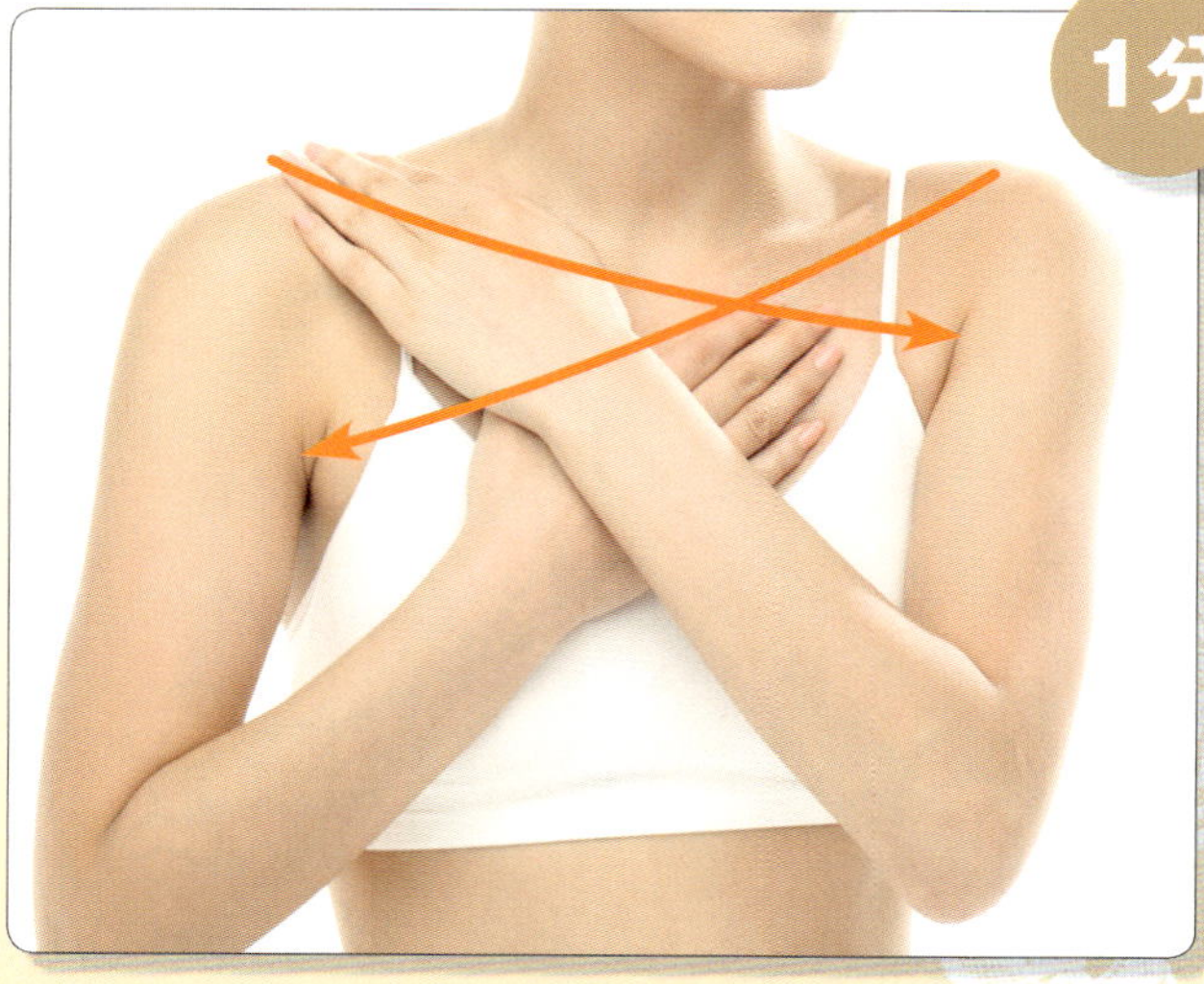

両手の４本の指を使い、肩先から反対側の脇の下に向かって交互にさすります。

4 首をさする

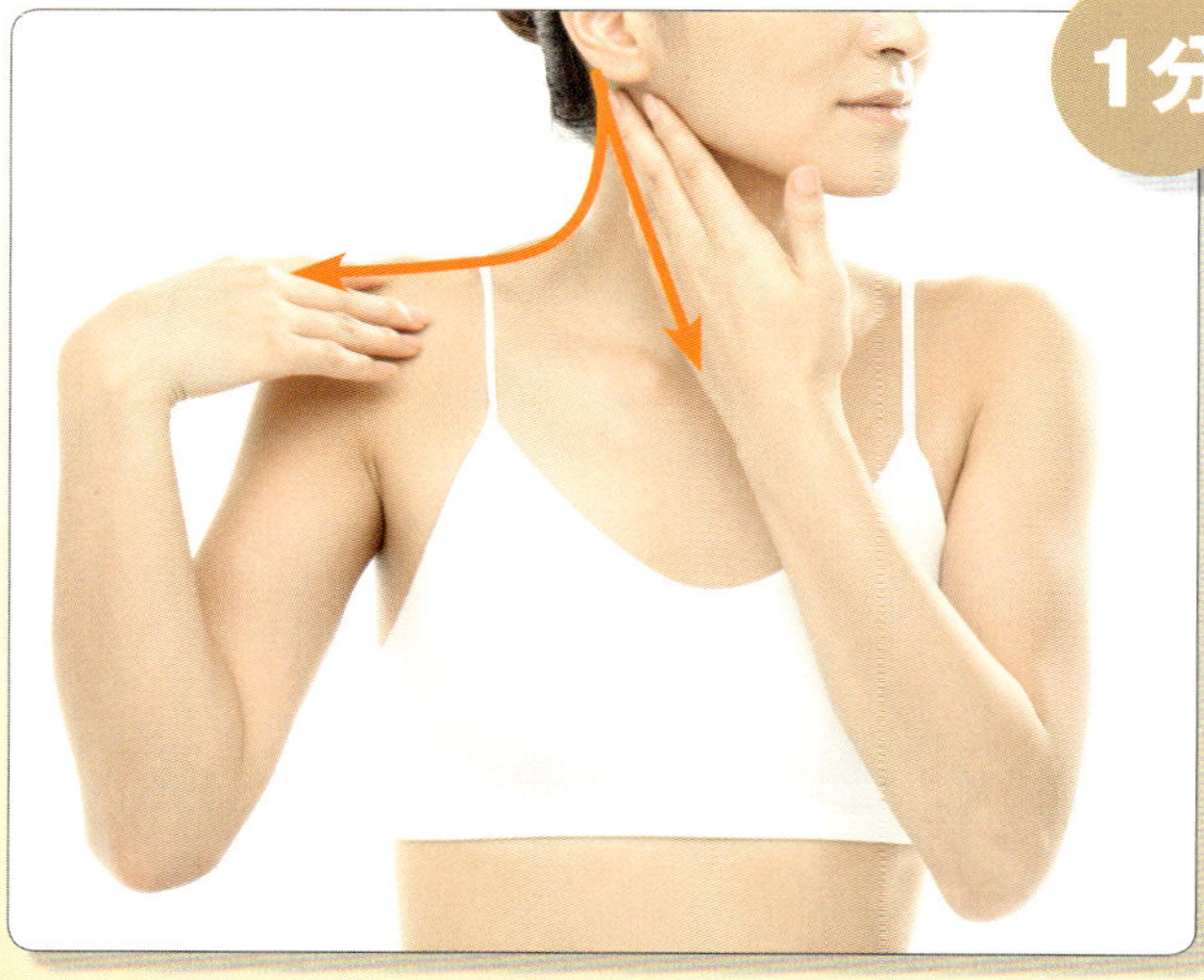

４本の指で、耳の下から鎖骨、耳の下から肩先に向かって、左右交互にさすります。

ベーシック
小顔リンパ
3

顔の循環をよくして、顔の悩みを総合的に改善

小顔ベースケア

顔も、多くのリンパや血管などがある重要な場所。
リンパマッサージをすることで顔のめぐりをよくしましょう。
継続して行なうことで自然と悩みも改善され、さらに美しく!

1 あごから耳の下をさする

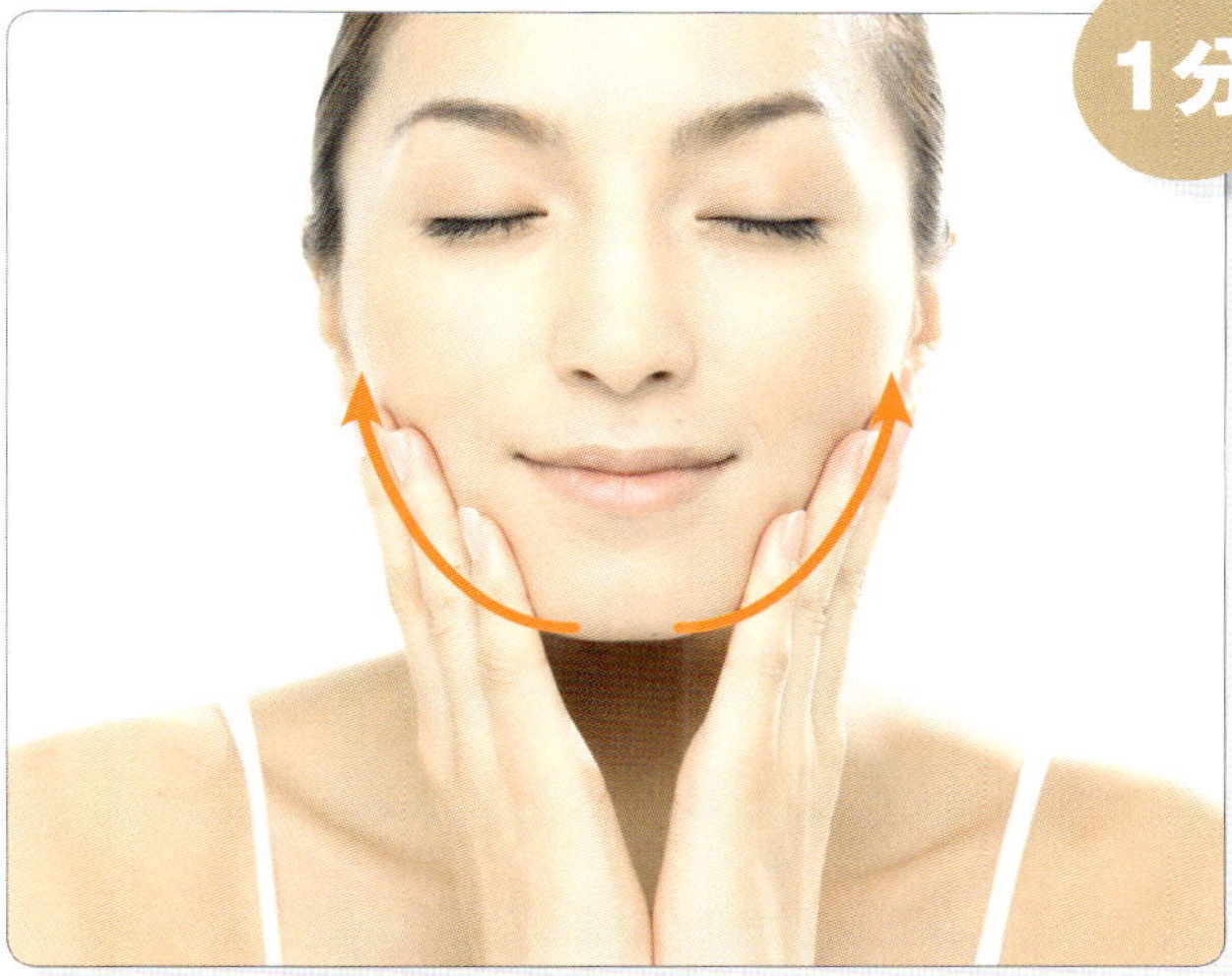

親指以外の４本の指で、あごから耳の下に向かってフェイスラインをさすり上げます。

2 口角から耳の下をさする

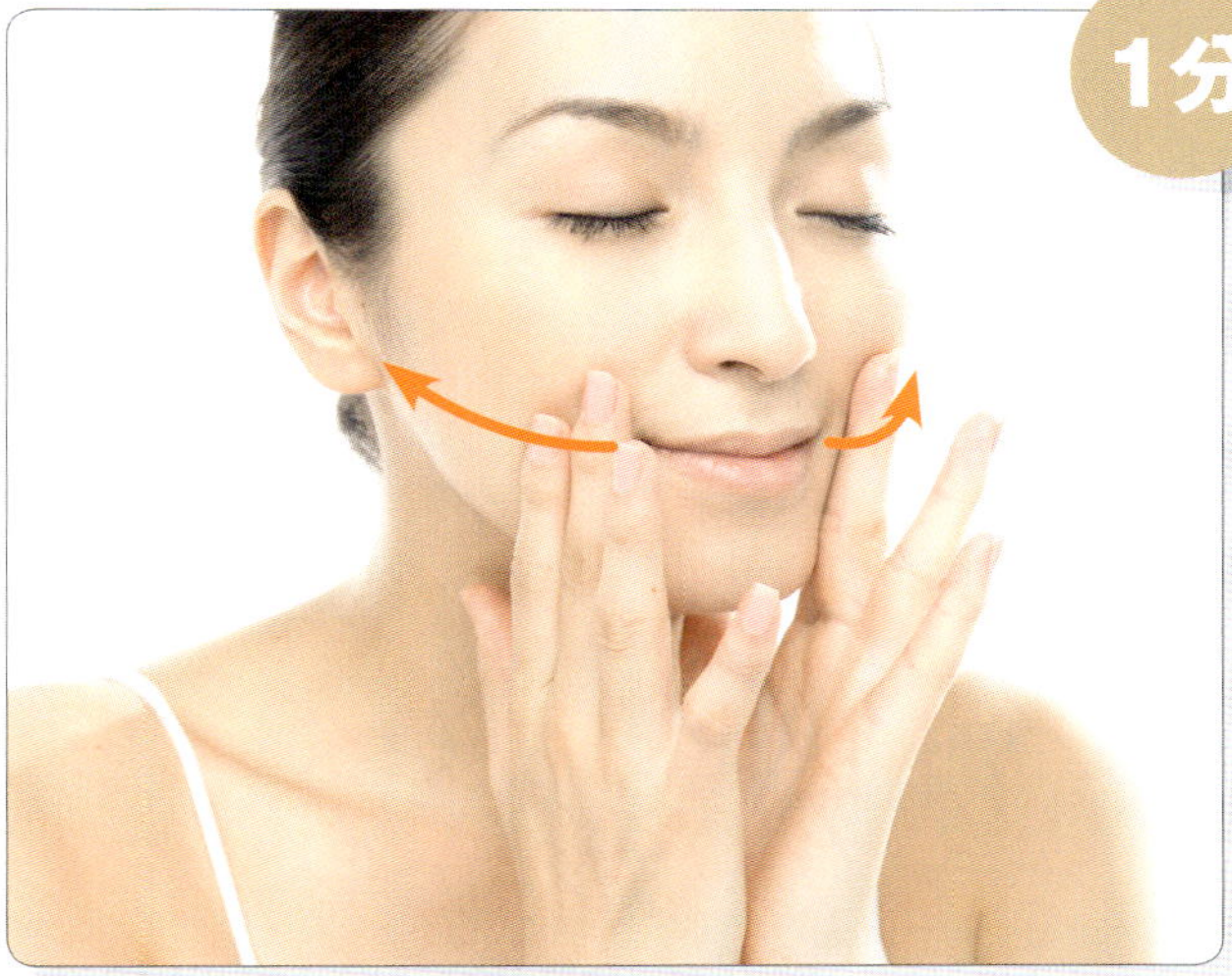

人さし指と中指の２本の指で、口の横から耳の下までさすります。キュッと上がった口角をイメージしながら行なって。

3 小鼻から耳の前をさする

人さし指と中指の２本の指で、小鼻の横から、耳の前まで頬骨に沿ってさすりましょう。

4 おでこからこめかみをさする

親指以外の４本の指で、おでこの中心からこめかみまでさすります。最後にこめかみのくぼみを軽くプッシュします。

効果があらわれやすい!
即効リンパ

むくみを取りたい

ダイエットに成功して体重は減ったのに、顔だけ丸いまま……
朝起きると、顔がパンパンで大慌て! そんな経験はありませんか?
顔全体をさするケアで、あっという間にむくみが改善して、スッキリ締まった小顔に!

こんな人は要注意!

- □ 体は細いのに顔だけ丸い
- □ まぶたがはれぼったい
- □ 寝起きの顔が別人のように腫れている

1 首の前面をさする

手掌軽擦法

1分

手のひら全体を使い、首の前面をあごから鎖骨に向かってなで下ろします。首を伸ばすように、両手で交互にさすりましょう。

2 フェイスラインをさする

手掌軽擦法

1分

あごから耳の下にある耳下腺リンパ節まで、またこめかみまでをフェイスラインに沿って、手のひらで包み込むようにさすりましょう。

3 小鼻と口角から耳までさする

四指軽擦法

1分

口角の横、小鼻の横に4本の指を当てます。そこから耳の前あたりに向かって、ラインを引くように指の腹でさすります。

4 おでこをさする

四指軽擦法

1分

おでこの真ん中に4本の指を当てます。そこから生え際に沿って、円を描くようにこめかみまでさすっていきましょう。

いつでもどこでも＋αの小顔ポイント

耳《じ》下《か》腺《せん》リンパ節

顔のむくみをとるリンパケア

顔のリンパの流れを受け、頸部《けいぶ》リンパ節へと流す中継ポイントが、耳下腺リンパ節。小顔ケアの大切なポイントです。マッサージでメイク崩れの心配があるときは、こまめにこうしたリンパ節を刺激してむくみを予防しましょう。

効果があらわれやすい!
即効リンパ

フェイスラインをスッキリさせたい

タプタプの二重あごや、たるんだフェイスライン……。
ふだん意識していなくても、写真の顔を見てうんざりなんてことも。
ムダ肉のないあごを手に入れて、顔全体の印象をシャープにしましょう。

! こんな人は要注意!

- □ ダイエットしてもあごの肉だけ残る
- □ 写真を見るといつも二重あご
- □ 肉に埋もれていてフェイスラインが不確か

1 フェイスラインを押す

二指圧迫法

1分

フェイスラインをあごから耳の下まで、親指と人差し指で押していきます。親指は骨の下に当て、あごの骨をつまむようなイメージで行ないましょう。

2 もみほぐすようにマッサージ

二指揉捏法

1分

フェイスラインを2本の指でつまみ、あごから耳の下までもんでいきます。硬いと感じる部分は、特に念入りにもみほぐしましょう。

3 2本の指でさすり上げる

二指軽擦法

親指と人差し指であごをはさみ、フェイスラインに沿ってあごから耳の下までさすり上げましょう。

4 フェイスラインをたたく

指先叩打法

フェイスラインを指でたたいて刺激していきます。あごから耳の下まで、下から上に向けて手首を動かしながらたたきましょう。

いつでもどこでも＋αの小顔ポイント

顎下《がくか》リンパ節

あご周りをスッキリさせるリンパケア

あごの骨の裏にあるリンパ節。フェイスラインや口周りのリンパが集まる場所です。人さし指と親指であごをつまみ、特に親指で軽く押して顎下リンパ節を刺激しましょう。続けると、あご周辺とフェイスラインがスッキリしてきます。

効果があらわれやすい!
即効リンパ

顔色をよくし、くすみを取りたい

くすんだ肌では、元気がなく疲れた顔に見られがち。
どんなに素敵なメイクをしても、今ひとつパッとしないものです。
リンパの流れをよくすれば、透明感ある美肌と健康的なバラ色の頬に。

こんな人は要注意!

- □ どんなに寝ても顔色が悪い
- □ よく、「疲れてるの?」と言われる
- □ 明るい色のメイクが似合わない

1 鎖骨周りをさする

四指軽擦法

1分

肩先から鎖骨の上側と下側を4本の指を使ってさすります。また、鎖骨中央から脇の下に向かって、4本の指でさすっていきます。

2 首の横をさする

手掌軽擦法

1分

首の側面を手のひらでさすります。また、耳の下から鎖骨まで、耳の下から肩先まで、交互にさすります。

3 顔全体をもむ

四指揉捏法

1分

あごのラインからスタートし、鼻周りや顔全体を4本の指でもんでいきます。この時、皮膚をあまり動かさないように意識して、もんでいきましょう。

4 顔全体をたたく

指先叩打法

1分

顔全体を指先でたたきます。手首をクルクルと回転させるように動かしながら、軽くタッチする気持ちいい程度の力で下から上に向かってたたきましょう。

いつでもどこでも＋αの小顔ポイント

四白（しはく）

顔色をよくするツボ

気血の流れをよくし、たるみ、しわ、しみ、くすみを防ぐツボ。黒目から指1本分真下、目の下の骨の真ん中あたりです。中指をツボに当て人さし指を添えて、息を吐きながらゆっくり押しましょう。

効果があらわれやすい!

即効リンパ

頬のたるみをリフトアップしたい

ハリのない頬は、あなたの顔をプラス5歳上に見せているかも。
特に、頬の肉が多い人は、重力に負けて肌もたるみがちになります。
4本の指を使ったマッサージで、余分なたるみのないふっくら上がった頬を目指して。

こんな人は要注意!

- □ 下を向いた時に頬の重さを感じる
- □ 頬に余分なお肉がのっている気がする
- □ 口周りまで頬になっているような気がする

1 頬を押す

四指圧迫法

1分

たるんでいると感じる部分を中心に、4本の指を使って頬を押していきます。指でぎゅっと押さえるのではなく、指をあて、顔で押すイメージで行ないます。

2 頬をもむ

二指揉捏法

1分

人さし指と中指の2本の指を使い、指を皮膚に軽くそえて頬をもんでいきます。親指はあごにあてて支えにし、硬いと感じる部分も優しくもみましょう。

3 頬をさすり上げる

四指軽擦法

1分

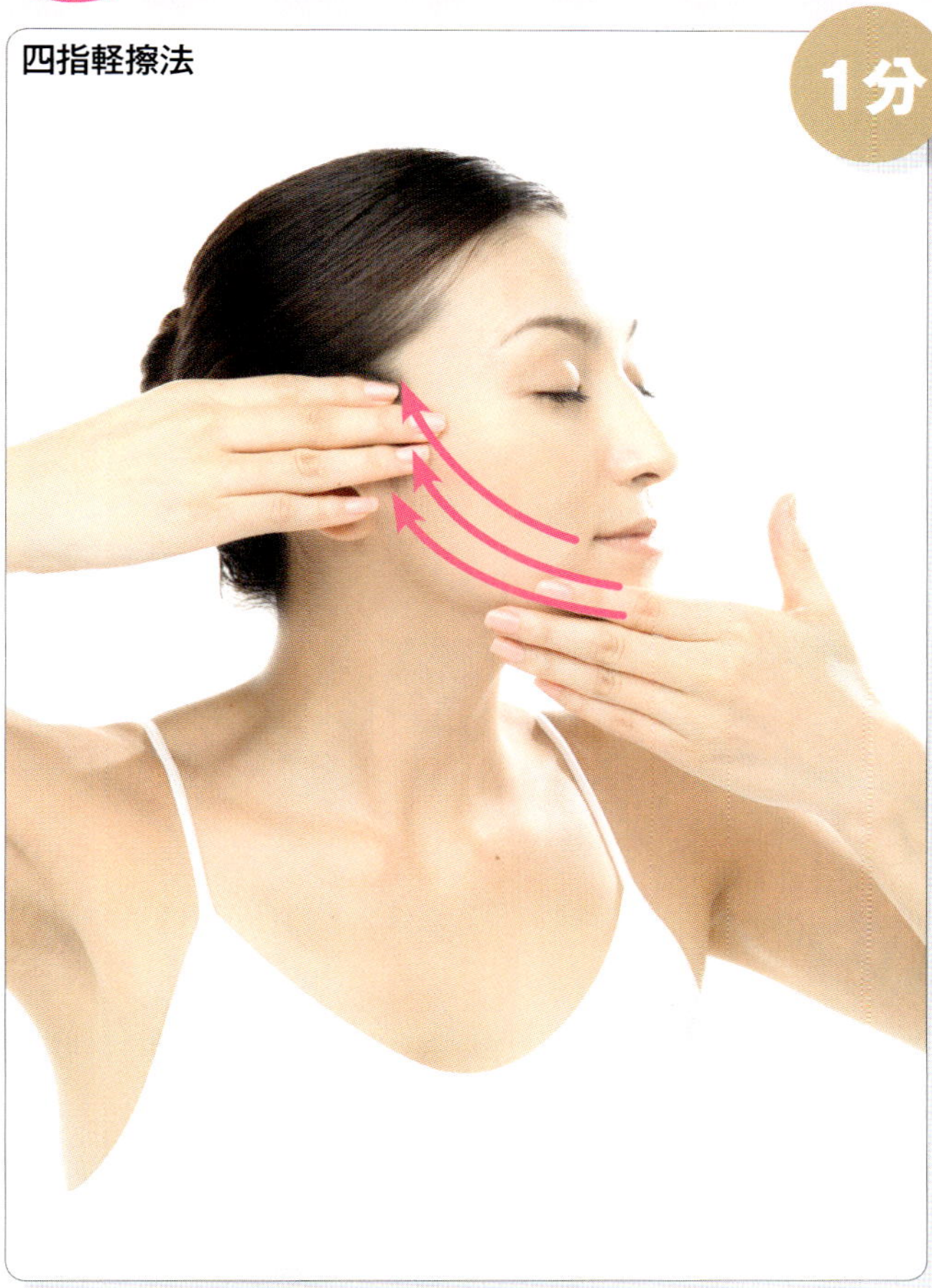

頬を下から上に、4本の指を使ってさすり上げます。右手と左手で交互にさすり上げていきましょう。

4 頬をたたく

指先叩打法

1分

頬を下から上に向かってたたいていきます。4本の指をそろえて、右手と左手を交互に手を回転させてたたきましょう。

いつでもどこでも＋αの小顔ポイント

下関（げかん）

顔のたるみを改善するツボ

頬骨と耳の間にあるツボ。指を当てて口を開けると、骨が持ち上がり、口を閉じるとくぼみができる場所です。顔の下半分に特に影響を与え、肌にハリとうるおいを与えるツボです。

効果があらわれやすい！
即効リンパ

ほうれい線を薄くしたい

目立つ部位だけに、ここが深いと一気に老け顔になるほうれい線。
若々しい印象を与えるためにも、なるべく薄くしたいものです。
ほうれい線に沿った集中ケアをすれば、だんだんと薄く変わっていきます。

こんな人は要注意！

- □ 同年代と比べてほうれい線が気になる
- □ 笑っていないのにほうれい線がくっきりある
- □ ふと鏡を見ると、頬のたるみが気になる

1 ほうれい線を押す

二指圧迫法　**1分**

ほうれい線に沿って指で押していきます。人さし指と中指の2本の指を使って、線を下から上へなぞるように押しましょう。

2 ほうれい線をもむ

二指揉捏法　**1分**

ほうれい線の部分を指でもんでいきます。人さし指と親指との2本の指でつまむようにもみほぐしていきましょう。

3 ほうれい線をさする

四指軽擦法

1分

ほうれい線に沿って、下から上へ線をなぞるように4本の指でさすります。さらに、小鼻から耳の前へ4本の指でさすり上げます。

4 ほうれい線をたたく

指先叩打法

1分

口の周り、ほうれい線、頬周りをたたいていきます。4本の指をそろえて、下から上に向かってやさしくたたきましょう。

いつでもどこでも＋αの小顔ポイント

巨髎（こりょう）

頬を引き上げるツボ

小鼻の両脇の、指1本分外側にあります。人さし指と中指をツボにあて、顔の重みを手にのせるような気持ちで押してください。歯痛や鼻づまりに効果的なツボでもあります。

効果があらわれやすい！

即効リンパ

徹夜明けのくまを消したい

残業が深夜に及んだり、夜遊びで徹夜した翌朝、目の下にはメイクでは隠せないほどのくまが！ 大後悔のくまも、マッサージで薄くすることができます。徹夜明けの緊急対策に、ぜひマスターしましょう。

こんな人は要注意！

- □ ハードワークで睡眠不足になりがち
- □ 疲れがたまるとくまが出る
- □ たびたび深夜まで遊んでいる

1 くまを押す

四指圧迫法 1分

目の下の、くまになっている部分を押します。4本の指を使って、じんわり温めるように、目頭から目尻の方向へゆっくりと押していきましょう。

2 くまをもむ

二指揉捏法 1分

目の下のくまの部分を、親指と人さし指で軽くつまみます。強くなりすぎないよう、目の周りに沿って目頭から目尻の方向へやさしくもみほぐしましょう。

3 くまをさする

二指軽擦法

1分

くまの部分を人さし指と中指を使ってさすりましょう。目頭から目尻の方向へ、やさしくさすっていきます。

4 目の周りをさする

二指軽擦法

1分

人さし指と中指を使い、目の周りをさすっていきます。指をそろえて、目頭からこめかみまで、眉頭からこめかみまでをやさしくさすりましょう。

いつでもどこでも＋αの小顔ポイント

承泣（しょうきゅう）

目の下のくまを改善するツボ

黒目のすぐ下あたりにあるツボで、目の疲れや充血など目の不調全般に効果を発揮します。人さし指と中指をあて、やさしくゆっくり押しましょう。ただし、眼球を押さないように注意してください。

効果があらわれやすい！

即効リンパ

まぶたのふくらみを改善したい

輝く瞳の印象を弱めてしまう、ぽってりまぶた。
「ダイエットしてもやせない」とあきらめることはありません！
きちんとケアすれば、いつでもすっきりと美しい、あなた本来の目元になります。

こんな人は要注意！

- □「眠そうだね」と言われる
- □ まぶたのふくらみは生まれつきだと思っている
- □ 二重がまぶたに埋もれがち

1 まぶたの上を押す

二指圧迫法

1分

まぶたの上を人さし指と中指で、眉頭から眉尻に向かって押します。ぎゅっと強く押すのではなく、やさしく押さえるイメージで行ないましょう。

2 眉頭を押す

二指圧迫法

1分

眉頭の部分を人さし指と親指ではさむように押します。こちらも強く押すのではなく、軽くそっと押しましょう。

3 まぶたの上をさする

二指軽擦法

1分

まぶたの上と下を人さし指と中指でさすります。目頭から目尻に向かって、眼球を避け、やさしくさすっていきましょう。

4 目の周りをさする

二指軽擦法

1分

人さし指と中指を使い、目の下を目頭からこめかみにかけて、さらにこめかみからぐるりとまぶたの上を回るようにさすります。

いつでもどこでも＋αの小顔ポイント

眼竜（がんりゅう）

まぶたのむくみに効果的なツボ

眉頭の生え際の、くぼみにあるツボです。目の疲れや、それにともなう首こりや肩こりなどに効果的です。目の上の骨に沿って、親指の腹を使ってやさしく押していきましょう。

効果があらわれやすい！
即効リンパ

疲れて小さくなった目を大きく

長時間のデスクワークや寝不足で、目がショボショボ……。
目を酷使することの多い現代人は、疲れもたまりやすくなっています。
頭まで含めたケアで、ひと回り大きくなったパッチリ目に変わります！

こんな人は要注意！

- □ 長時間パソコンを見ていることが多い
- □ 目がかすむなどの疲れを感じる
- □ 目が乾燥している気がする

1 顔全体を押す

手掌圧迫法

1分

あごの部分を手のひらで包み込み、手のひらでまんべんなく顔全体を押します。

2 目の周りを押す

四指圧迫法

1分

4本の指をそろえ、目の周りをぐるりと1点ずつやさしく押します。

3 目の周りをさする

四指軽擦法

1分

目の周りを、目頭からこめかみまで4本の指でさすります。片方の手で皮膚を軽く押さえ、もう片方の手でさすりましょう。

4 頭をたたく

指頭叩打法

1分

指先で頭をたたいて刺激します。頭全体を、両手の指先を使ってつかむようなイメージでたたきましょう。

いつでもどこでも＋αの小顔ポイント

太陽（たいよう）

目の疲れに効果的なツボ

眉の外側と目尻を結ぶラインから親指1本分外側、少しくぼんだ部分にあるツボ。中指を当て、4本の指で気持ちいいくらいの強さで押します。疲れを感じた時に、さっと押してリフレッシュしましょう。

効果があらわれやすい！
即効リンパ

鼻の横のお肉を取りたい

顔をむっちり見せてしまう、鼻の横の余分なお肉。
生まれつきのものだとあきらめがちですが、実はマッサージで改善できるもの。
鼻の周りの集中ケアですっきりさせれば、鼻筋までも高く美しく見せられます！

！こんな人は要注意！

- □ 小鼻と頬の間にくっきりと線がある
- □ 頬が丸くむっちりとしている
- □ 上唇の上あたりにたるみを感じる

1 鼻の周りを押す

四指圧迫法

1分

鼻の横を4本の指で押していきます。指をそろえて、気になる部分を中心に小鼻から目頭に向かってそっと押しましょう。

2 鼻の周りをもむ

二指揉捏法

1分

鼻の周りを親指と人さし指でつまみ、もんでいきます。気になる部分をやさしくもみほぐしましょう。

3 鼻の周りをさする

四指軽擦法

1分

鼻の横を4本の指でさすります。指の腹でらせんを描くように、小鼻から目頭に向かってさすっていきましょう。

4 頬の周りをさする

四指軽擦法

1分

鼻の横から頬の周りをさすっていきます。4本の指を使い、頬全体にらせんを描くようにさすりましょう。

いつでもどこでも＋αの小顔ポイント

迎香（げいこう）

鼻の通りを改善するツボ

小鼻のふくらんだ部分のつけ根にあるツボ。鼻の通りをよくするほか、気のめぐりや血の滞《とどこお》り（瘀血《おけつ》）を改善し肌の血色をよくする効果もあります。指の腹をツボにあて、少し強めにゆっくりと、何度か繰り返し押します。

小顔効果をさらに高める!!

上半身ストレッチ

筋肉やリンパ、血管などは、顔もボディもつながっています。
引き締まった美しい小顔をつくるなら、上半身全体をほぐすとさらに効果的！
首や肩周りが気持ちよく伸びるのを意識しながら行なってみましょう。

まっすぐな姿勢から START!

中心軸をずらさないように行ないます。

1 首の後面を伸ばす

息を吐きながら、頭を前にゆっくりと倒し首の後面を伸ばします。そのまま5秒キープ。息を吸いながらゆっくりと頭を元に戻します。

2 首の前面を伸ばす

息を吐きながら、ゆっくりと頭を後ろに倒し、首の前面を伸ばします。そのまま5秒キープ。息を吸いながらゆっくりと頭を元に戻します。

3 首の側面を伸ばす

息を吐きながら首を右に倒して、首の側面を伸ばします。そのまま5秒キープ。息を吸いながら頭を元に戻します。左側も同様に行ないます。左右交互に繰り返します。

4 あごから首にかけて伸ばす。

始めに頭の縦軸はまっすぐにして、横をむき、そこから息を吐きながら顔を上に向けるようにして、顔から首を伸ばします。伸びたところで、5秒キープ。息を吸いながら元に戻します。反対側も同様に行ないます。左右交互に繰り返します。

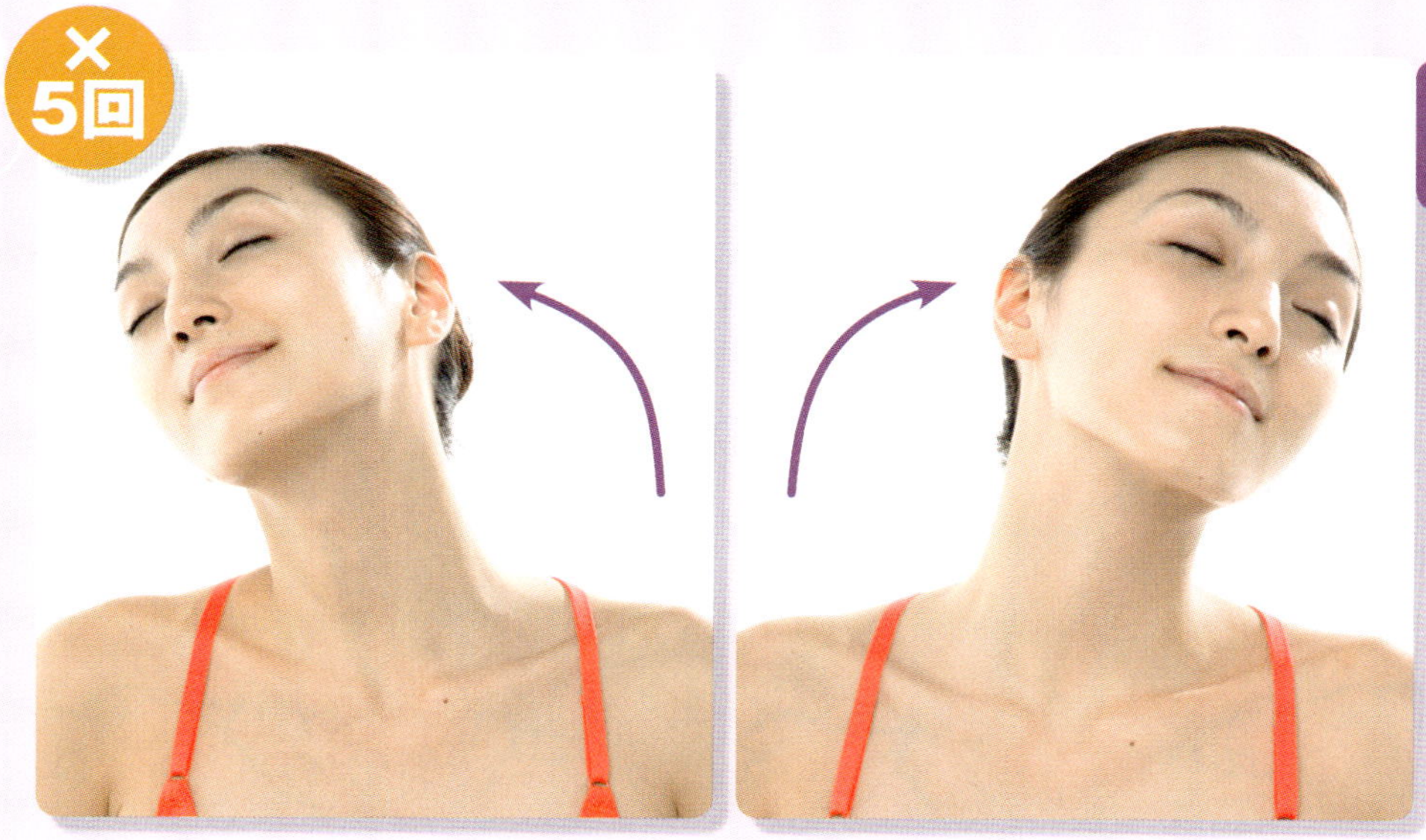

5 首の側面を押す

手のひらを首の側面にあて、息を吐きながら頭の重みを手に乗せるようにして、首を押します。息を吸いながら頭を元に戻します。反対側も同様に行ないます。

6 肩を押す

親指以外の4本の指で反対側の肩を押します。息を吐きながら、反対側に頭を倒します。息を吸いながら、頭を元に戻します。反対側も同様に行ないます。

7 肩を押しながら腕をまわす

親指以外の4本の指で反対側の肩を押し、押している側の腕を大きく回します。内回し、外回しともに行ないます。反対側も同様に行ないます。

しつこい悩みも改善！

じっくりリンパ

ぷっくり頬を改善したい

体はスリムなのに、ぷっくり頬のせいで太って見える、
そんな悩みを「生まれつきだからしかたない」とあきらめてはいませんか？
じっくり根気よくケアすれば、見違えるほどシャープなフェイスラインに変わります。

こんな人は要注意!

- □ やせているのに顔だけ大きい
- □ 下ぶくれ気味
- □ ついつい頬を隠すような髪型にしてしまう

1 首の側面を押す

四指圧迫法

1分

首の側面を指先で押します。4本の指をそろえて、耳の下から鎖骨に向けて押していきましょう。

2 頬全体を押す

四指圧迫法

1分

親指以外の４本の指を使い、頬全体を押していきます。あごからこめかみに向けて、持ち上げるように押さえましょう。

3 頬全体をさする

1分

四指軽擦法

頬全体をあご、口角、小鼻の横から耳の前に向けて順番にさすります。4本の指をそろえ、下から上にさすり上げましょう。

小顔効果をさらにアップする＋αのボディリンパ

4 頬全体をたたく

指先叩打法

1分

4本の指先をそろえて、頬全体をたたいていきます。下から上へ、軽く頬を引き締めるような気持ちでたたきましょう。

5 脚をさする

母指軽擦法

1分

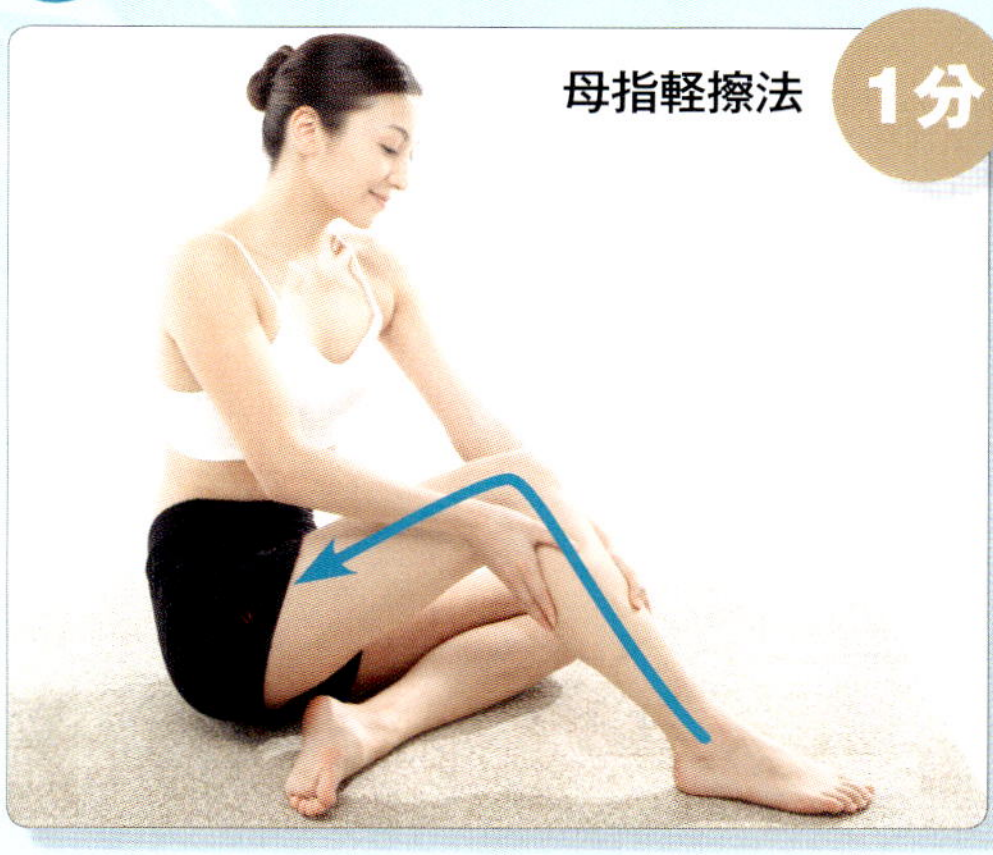

脚の前側を、足首から脚の付け根までさすります。両手の親指を交互に使って行ないましょう。

6 お腹の中心をさする

四指軽擦法

1分

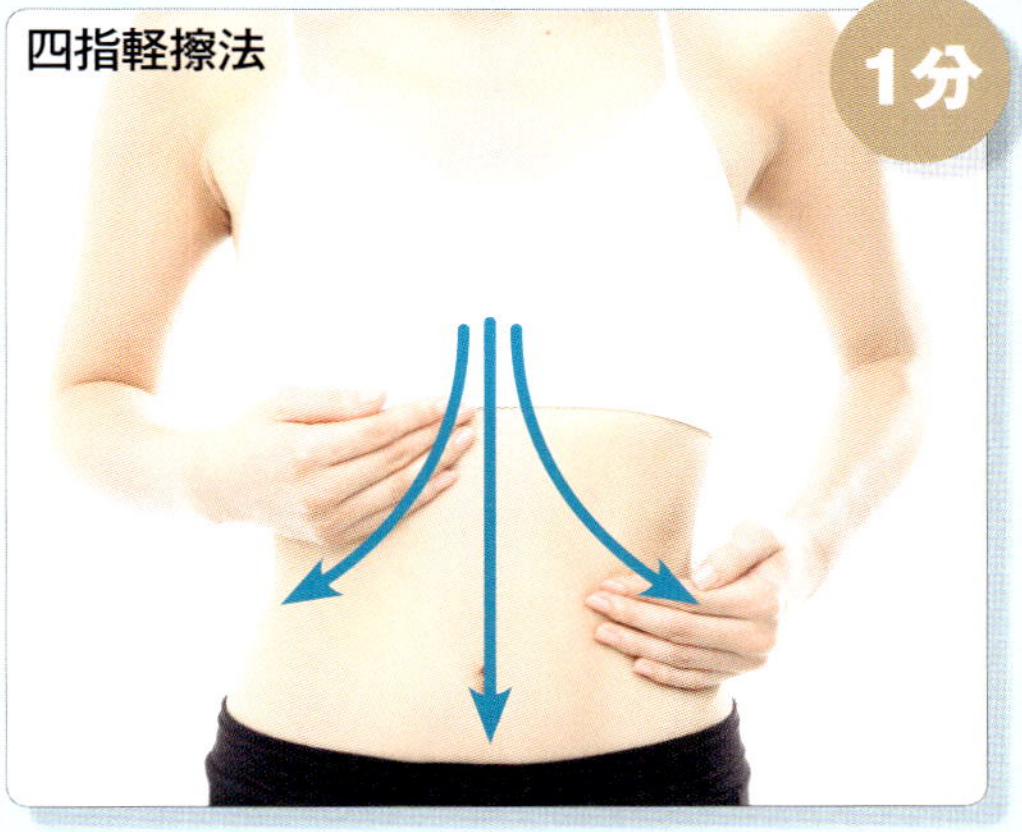

お腹の中心をみぞおちから下腹部、みぞおちから脇腹へ左右の４本の指で交互にさすります。

いつでもどこでも＋αの小顔ポイント

顔のストレッチ

ぷっくり頬を改善するストレッチ

❶ 口を「う」の形にすぼめて頬をへこませます。目や眉もぎゅっと顔の中心に寄せましょう。❷ 口を「あ」の形に開きます。目も口も大きく開くのがコツ。顔を大きく動かして、表情筋を鍛えます。

しつこい悩みも改善!

じっくりリンパ

大きい顔を小さくしたい

大顔の原因は、骨格だけでなく、ぜい肉やむくみ、滞った老廃物などさまざま。ていねいなマッサージでリンパの流れをよくすればむくみが取れて、ひと回り小さな顔に変わります。あきらめずにケアして、本来の小顔を取り戻しましょう。

こんな人は要注意!

- □ 顔がいつもむくんでいる気がする
- □ まぶたや頬がはれぼったく丸顔に見える
- □ みんなで写真を撮ると1人だけ顔が大きい

1 鎖骨をさする

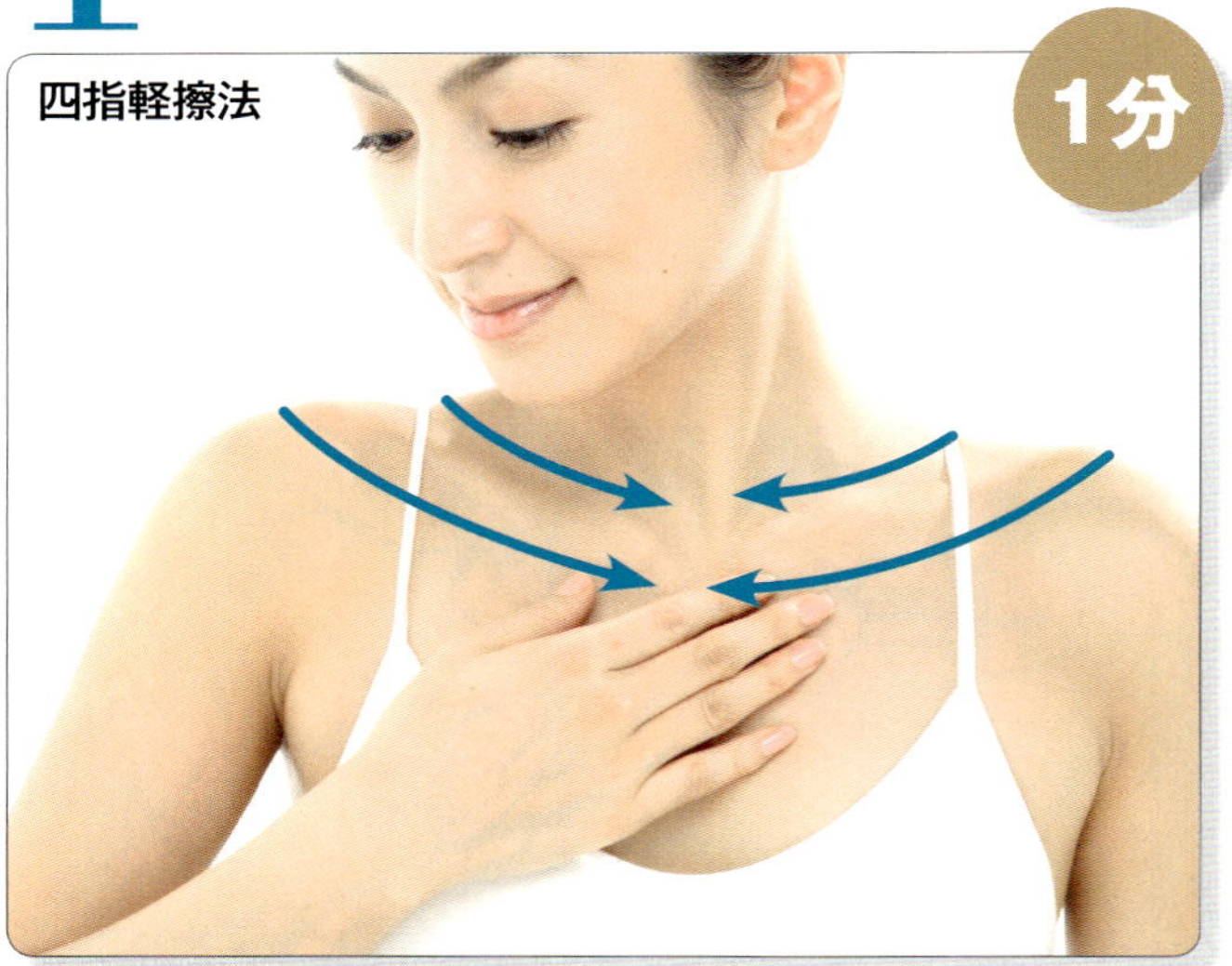

鎖骨の上と下をさすります。肩先から中央に向かって、4本の指でそっとさすりましょう。

2 首をさする

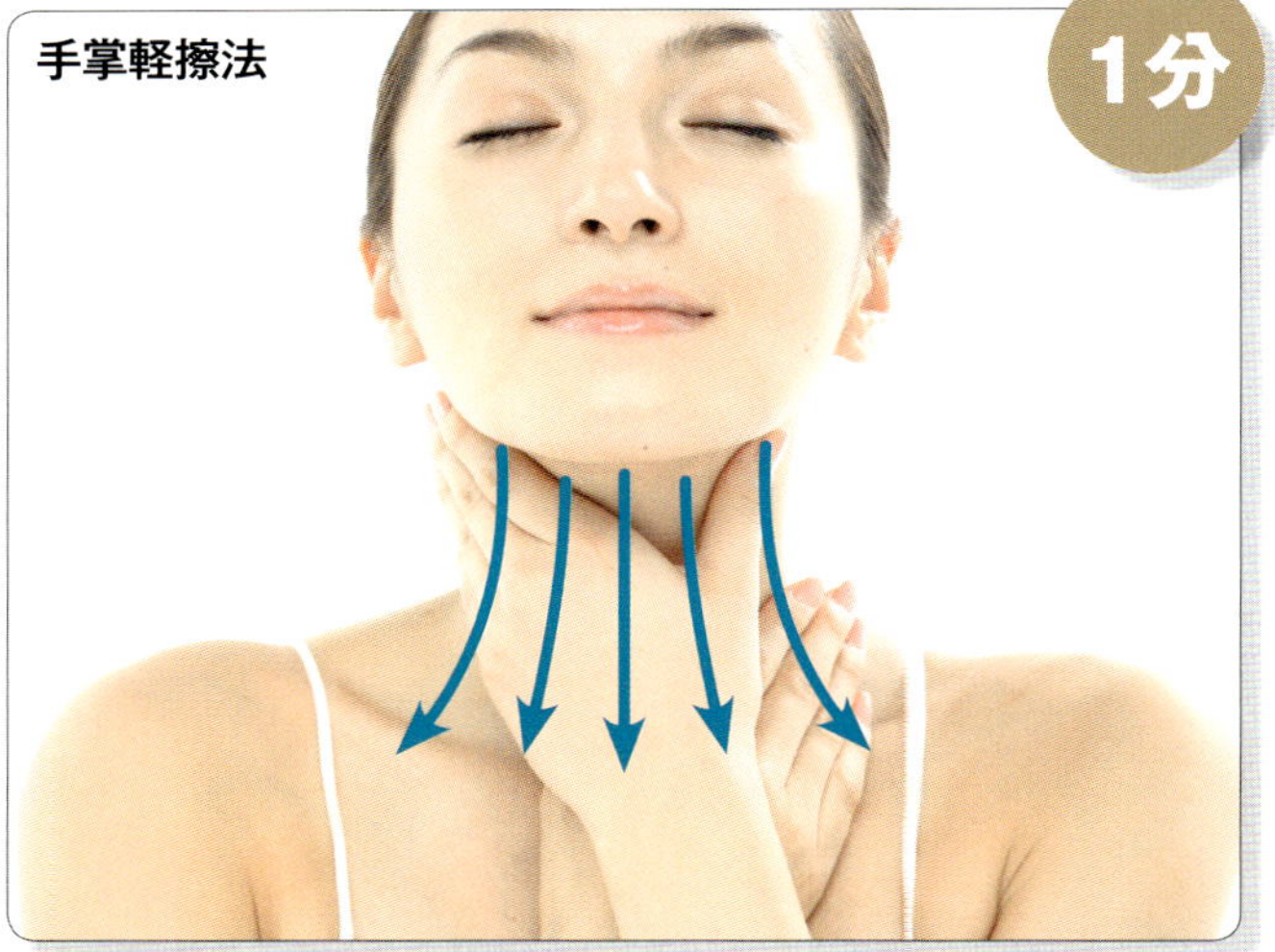

首の前面を手のひらでさすります。あごの部分から鎖骨に向かい、両手を交互に使ってさすりましょう。

3 顔全体を押す

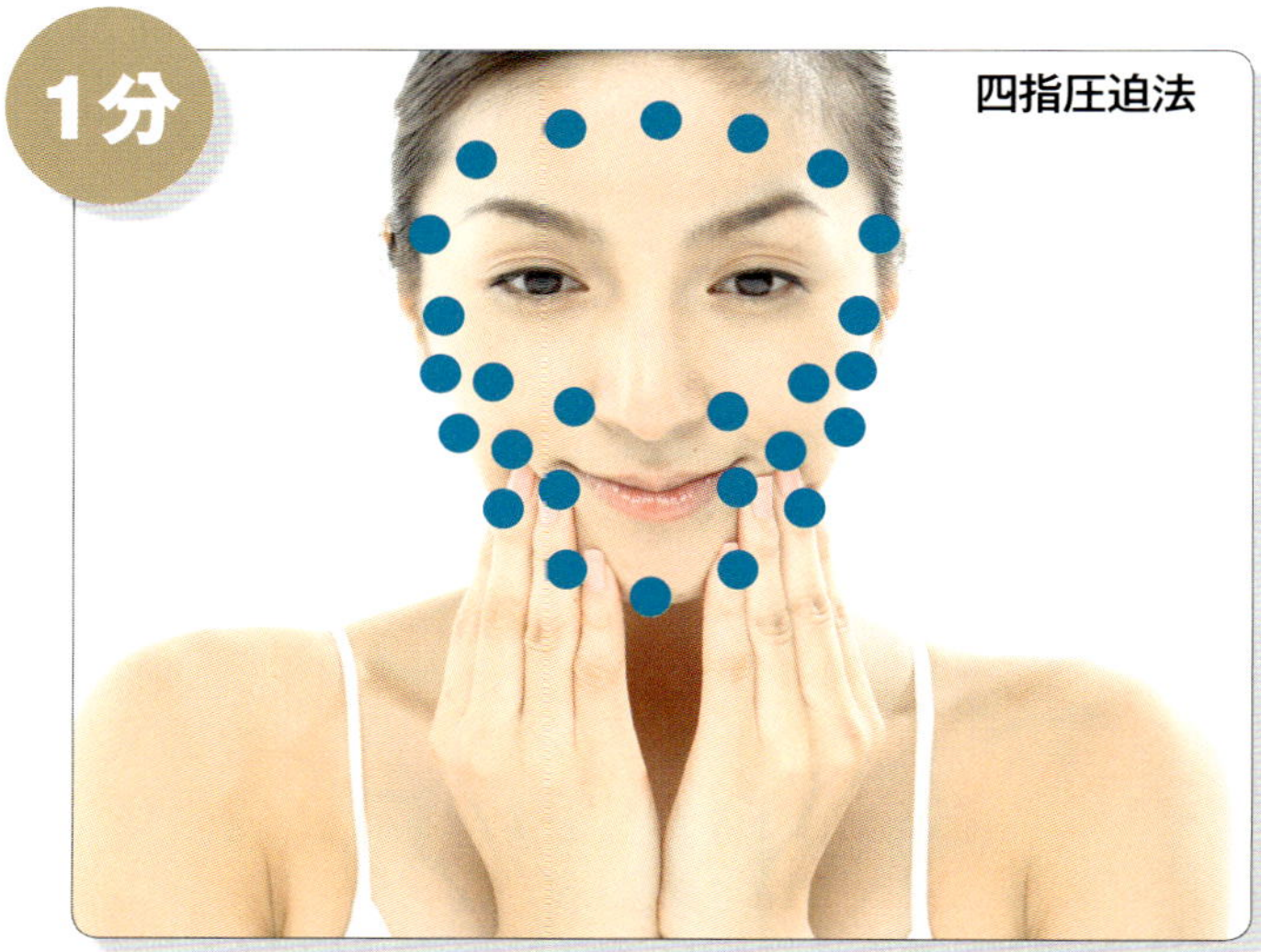

4本の指でフェイスラインをあごから耳の下、口角と鼻の横から耳の前、おでこからこめかみにかけて細かく押します。

小顔効果をさらにアップする＋αのボディリンパ

4 顔全体をさする

四指軽擦法

1分

4本の指でフェイスラインをあごから耳の下まで、口角、小鼻の横から耳の前、おでこの中央からこめかみにかけてを、らせんを描くようにくるくるとさすります。

5 脚をさする

手掌軽擦法

1分

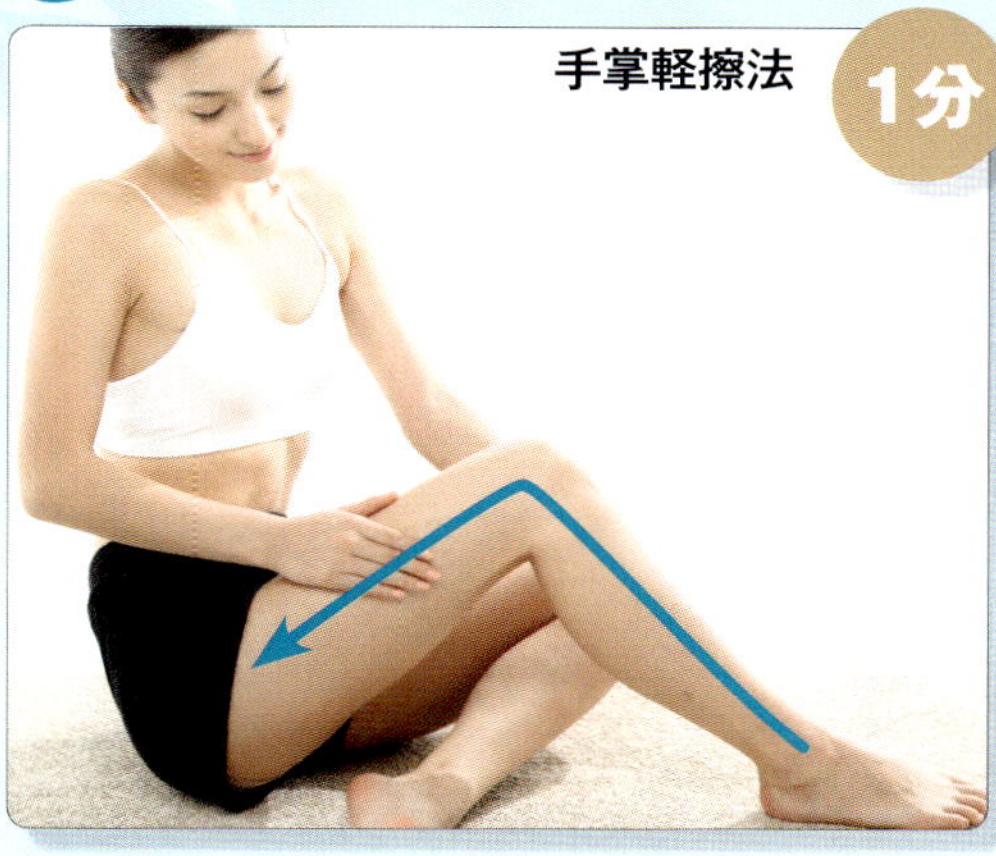

脚の外側に手のひらをあて、足首から膝、膝から足の付け根までを下から上へさすります。

6 脇腹をさする

手掌軽擦法

1分

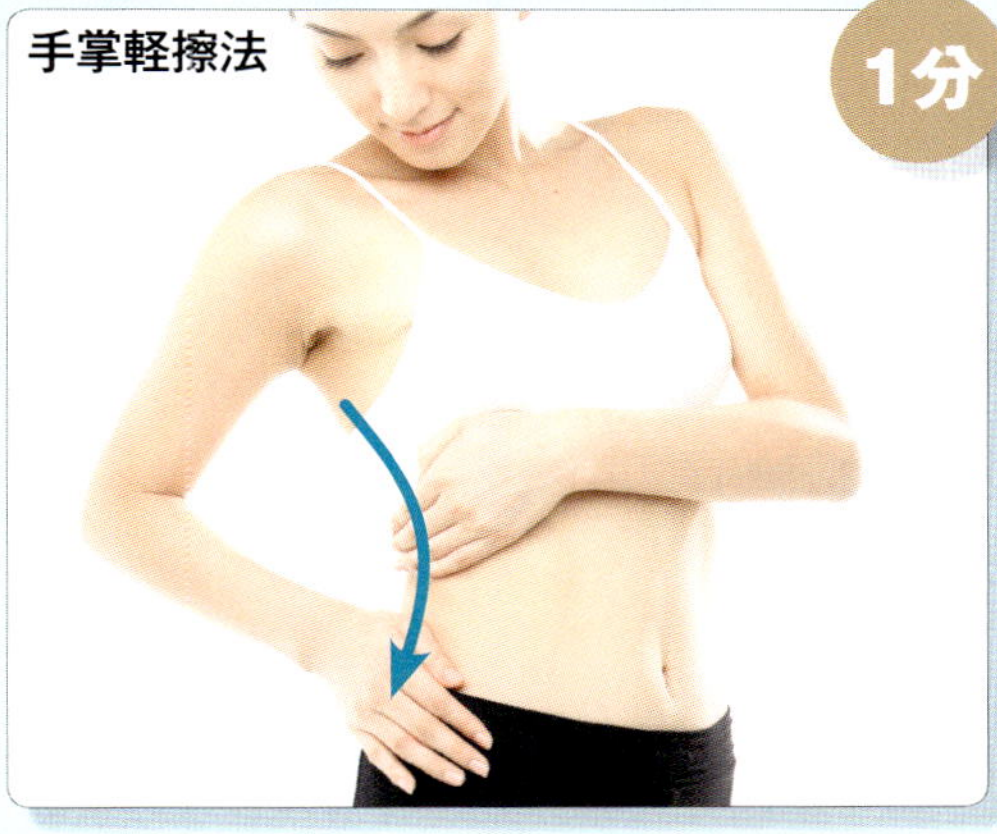

脇に手のひらをあて、両手でお腹の側面を上から下に向かってさすっていきましょう。

いつでもどこでも＋αの美顔ポイント

小顔クレンジングマッサージ

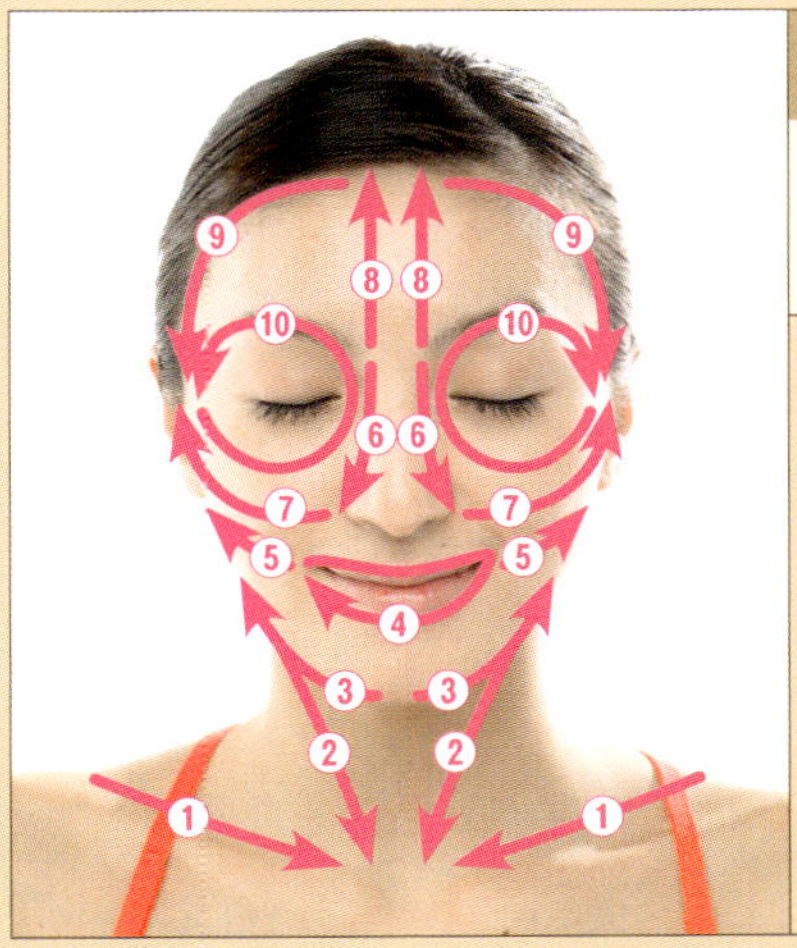

大きい顔を小さくするクレンジングケア

クレンジングクリームを顔におき、ラインに沿って順に、指先で肌をさすっていきます。正しい順番でやさしくマッサージすれば、汚れとともに、たまった老廃物も流れていきます。洗顔は鎖骨と首から行なうのが小顔効果を高めるポイントです。

しつこい悩みも改善!
じっくりリンパ

肌荒れをキレイにしたい

お肌のカサつきや荒れは、乾燥や肌に残ったメイクによるトラブルなどのほか、内面に原因がある場合もあります。マッサージで肌の新陳代謝がアップすることで、肌のターンオーバーも正常になり、健康的な肌がよみがえります。

こんな人は要注意!

- □ きちんとお手入れしているのに肌が荒れる
- □ 疲れるとすぐに肌がカサカサになる
- □ 慢性的に肌が荒れている

1 耳の周りをさする

4本の指を使い、あごの下から耳の前と裏、つけ根あたりなど耳の周りをさすっていきます。

2 顔全体を押す

4本の指を使い、顔全体を押していきます。手のひらで包み込むように、やさしく押しましょう。

3 顔全体をさする

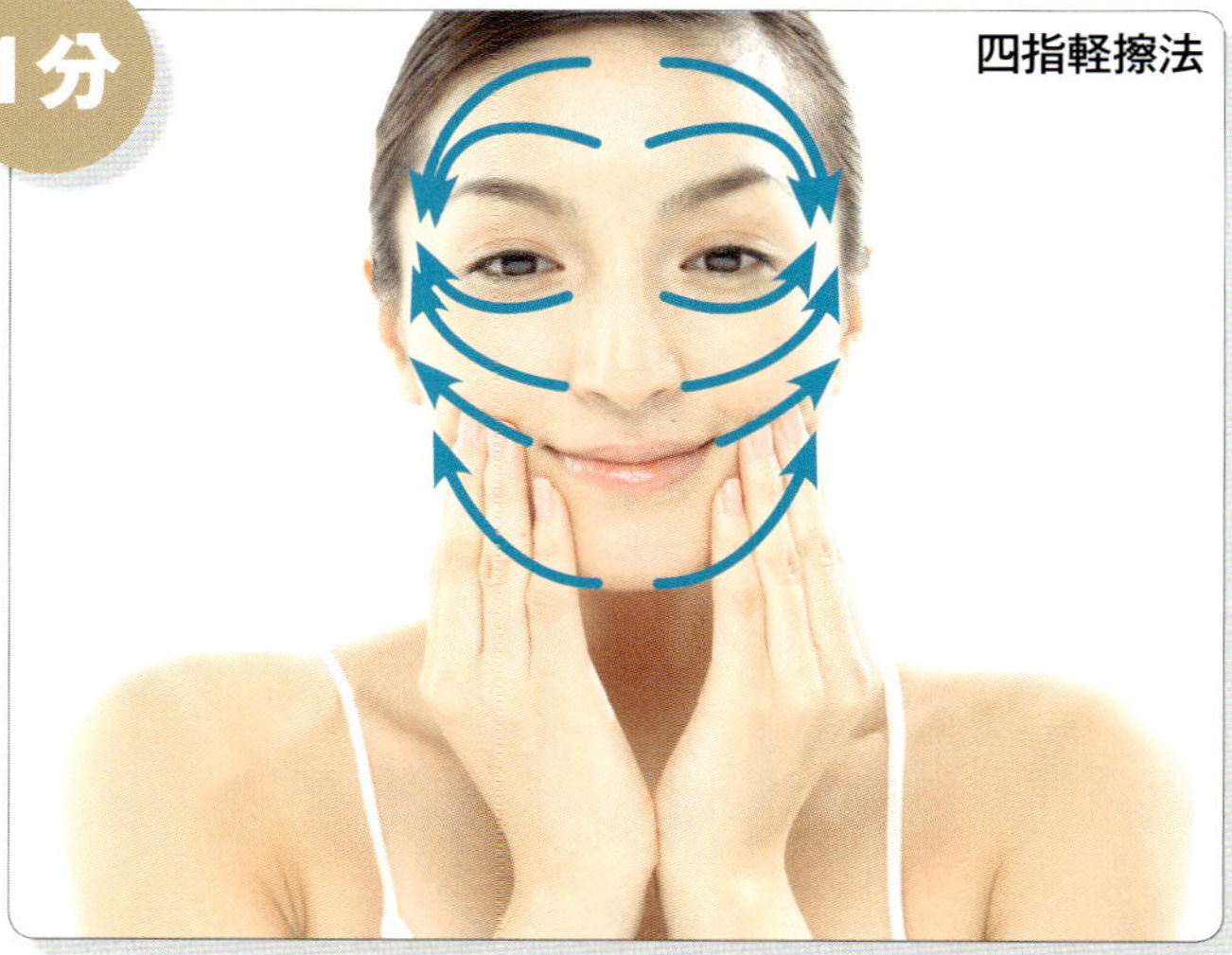

4本の指を使い、顔全体をさすります。写真の矢印に沿って中央から外側に向けて細かくさすっていきましょう。

小顔効果をさらにアップする＋αのボディリンパ

4 顔をたたく

指の腹を使って顔全体を下から上に軽く持ち上げるように、手首を回転させるようにして交互にたたきましょう。

5 肩をさする

背中からひき上げるように、鎖骨に向かってさすります。左右の手のひらを交互に使って。

6 背中をさする

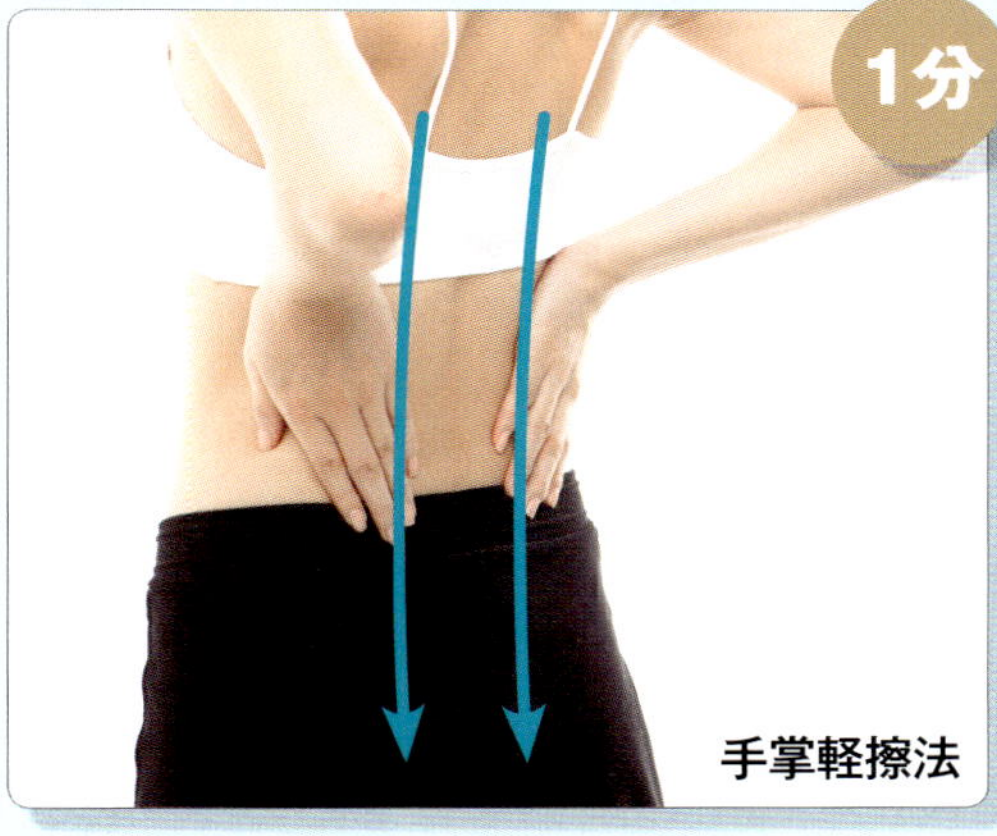

背中に手のひらをあて、手の届く最も上の位置からヒップまでを両手でさすります。

いつでもどこでも＋αの小顔ポイント

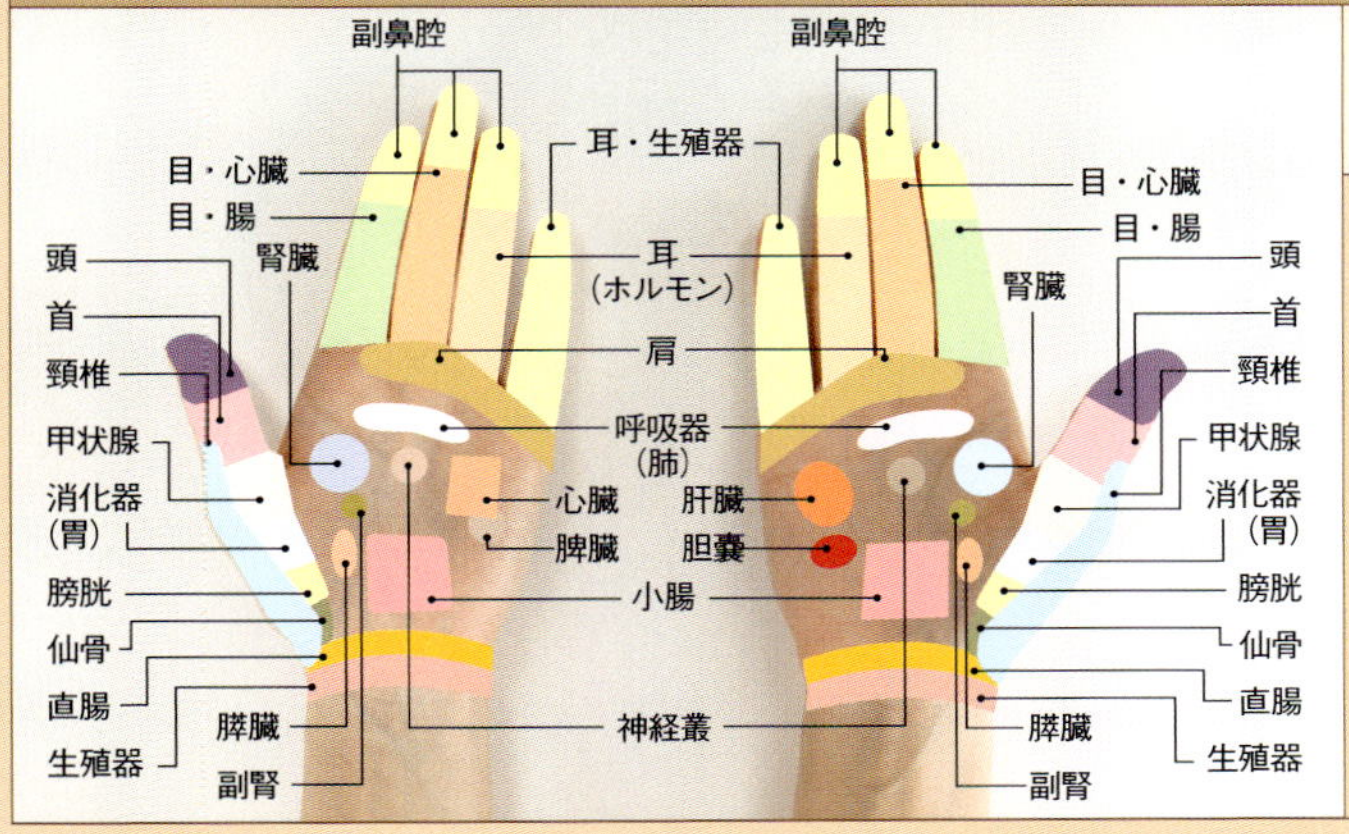

手の反射区

内臓が元気なら肌もキレイに!

治りにくい肌荒れは、内臓の不調が原因のひとつ。手には足の裏と同じく全身と対応した反射区があるので、押してみて、痛みを感じる箇所があったら不調のサイン。図を参考に、体の内側からケアを行ないましょう。

しつこい悩みも改善!
じっくりリンパ

口周りの小じわを消したい

細かいけれど、意外と気になる口周りの小じわ。
その部分だけメイクがよれてしまったり、老けて見えてしまうもの。
できるだけ薄くしたいものです。口元ケアで、ピンと張った若々しい口元に変身。

! こんな人は要注意!

- □ 笑いじわが消えなくなった
- □ 口周りに細かいしわがたくさんある
- □ 口周りのメイクのよれが気になる

1 口の周りを押す

二指圧迫法　1分

口の周りを親指と人さし指で押していきます。2本の指でつまむようにして、軽く押しましょう。

2 口の周りをさする

二指軽擦法　1分

口の上下を人さし指と中指でさすります。2本の指で口を挟むようにして、両手を交互に使いましょう。

3 口の周りをさすり上げる

1分　二指軽擦法

口の周りを2本の指でさすります。人さし指と中指をそろえて、片側ずつ、両手で交互にさすり上げましょう。

4 口の周りをたたく

口の周りを人さし指と中指でたたきます。2本の指をそろえて、両手で交互に刺激するようにたたきましょう。

小顔効果をさらにアップする＋αのボディリンパ

5 背中をさする

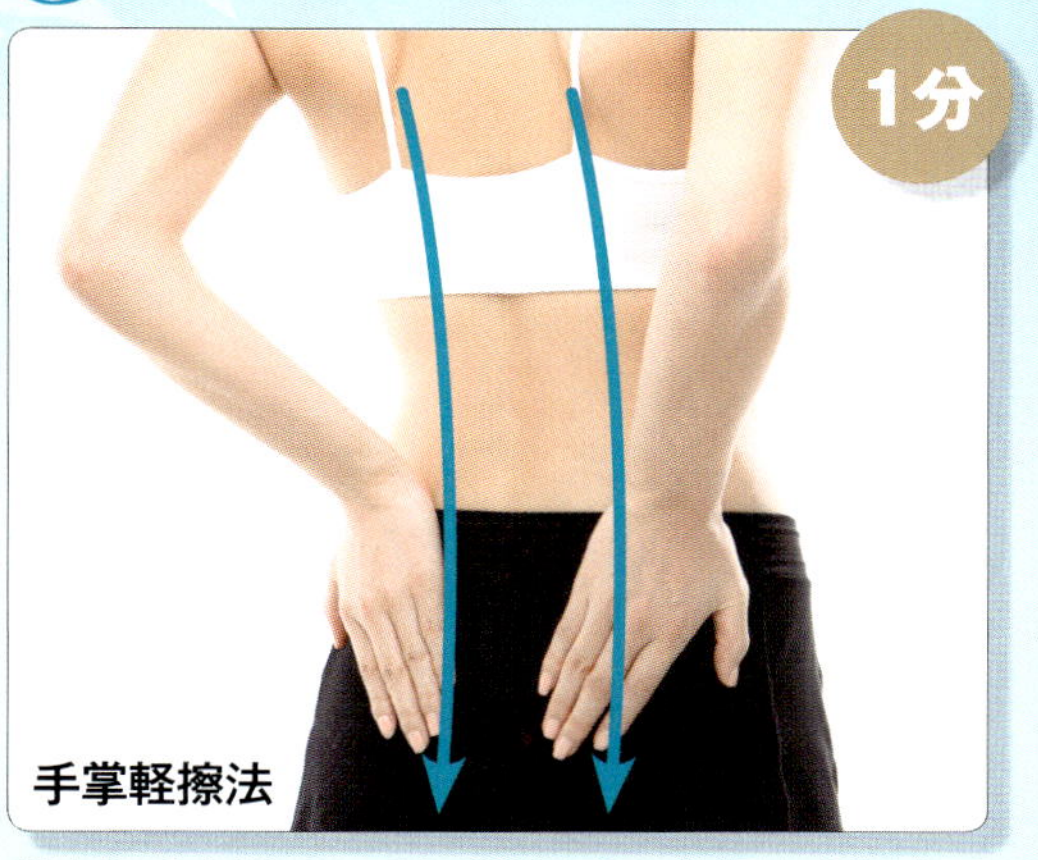

背中に手を当て、できるだけ高い位置から腰までを手のひらでさすり下ろします。

6 おへそ周りをさする

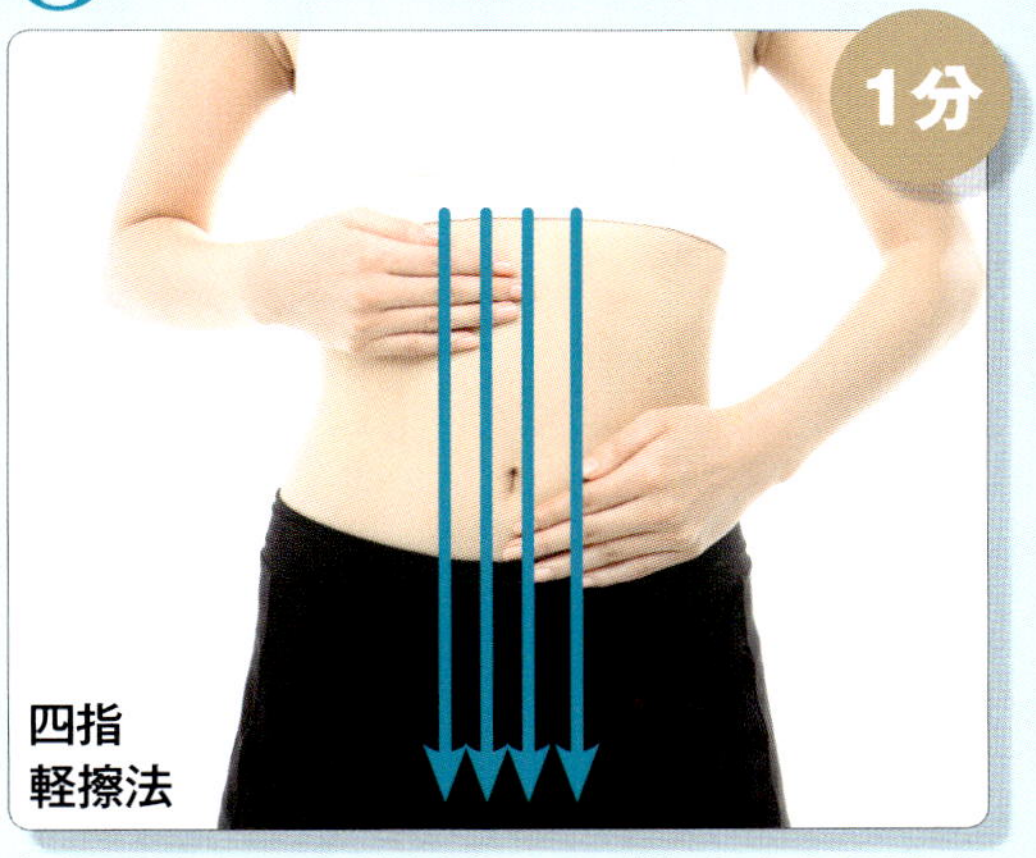

お腹の中心から外側を、みぞおちから下腹部まで4本の指で交互にさすります。

いつでもどこでも＋αの小顔ポイント

地倉（ちそう）

口周りの小じわに効果的なツボ

口角の外側にあるツボ。胃腸が原因の肌荒れなどに効果を発揮。口周りの筋肉も刺激します。中指を口角に、人さし指をその横にそえて息をはきながら、ゆっくりと押していきます。

しつこい悩みも改善!
じっくりリンパ

慢性的な目の下の青くまを改善したい

静脈が浮き出てしまっているような、目の下の青くま。
睡眠を十分にとっても、お肌をケアしても取れないのが悩みの種です。
そんなしつこいくまも、根気強くマッサージすれば薄くすることができます。

こんな人は要注意!

- □ よく寝てもくまが取れない
- □ 慢性的な寝不足でくまができている
- □ 特に疲れていなくても常にくまがある

1 くまの周りを押す

くまの周りを人さし指と中指で押していきます。2本の指をそろえて押しましょう。

2 くまの周りをさする

くまの周りを内側から外側へさすります。4本の指をそろえ、軽く持ち上げるようにさすっていきましょう。

3 目の周りをさする

目の周りを矢印に沿ってさすります。4本の指をそろえて円を描くようにさすっていきましょう。

小顔効果をさらにアップする＋αのボディリンパ

4 鎖骨のくぼみを押し、さする

4本の指を使い、手と反対側の鎖骨上部のくぼみを押します。次に、同じように4本の指で外側から内側に向かってやさしくさすりましょう。

5 そけい部をさする

4本の指を使い、太ももの付け根にあるそけいリンパ節の周辺をさすります。

6 骨盤周りをさする

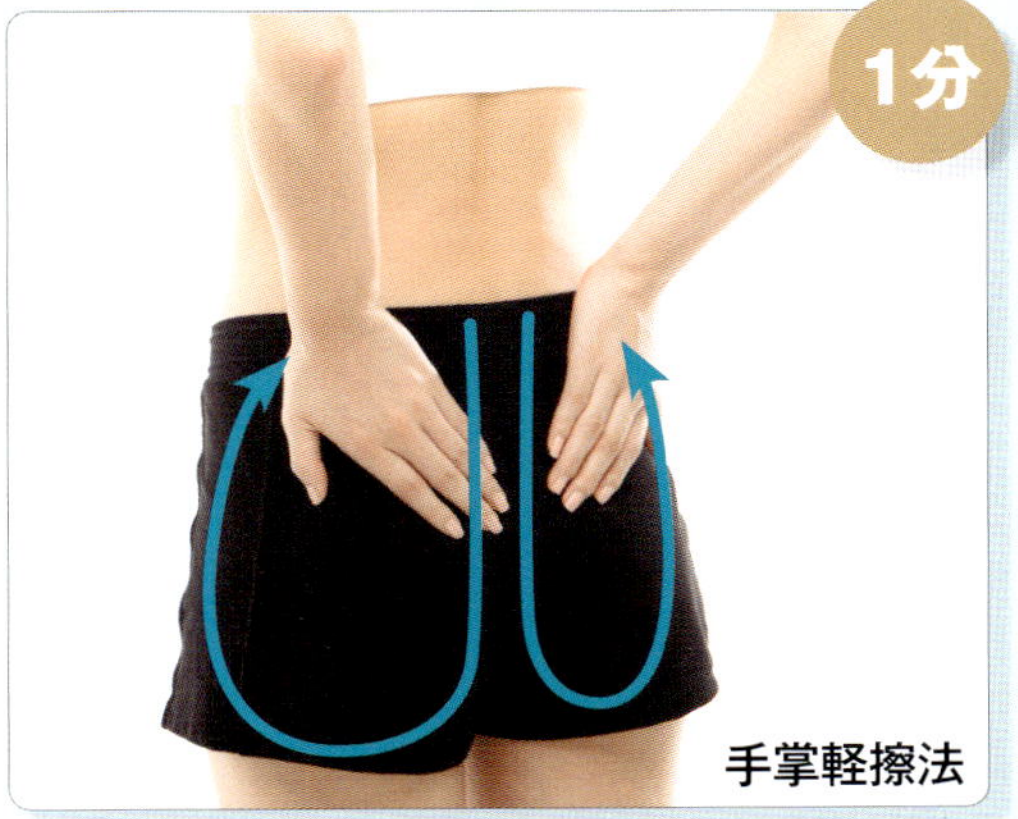

手のひらをぴったり骨盤あたりにあてます。ヒップの周りを円を描くようにさすりましょう。

いつでもどこでも＋αの小顔ポイント

骨盤リンパストレッチ

青くまを改善するストレッチ

目の下のしつこいくまには、内臓が関係しています。両足を軽く開いて、まっすぐに立ち、腰に手をあて、息を吐きながら足を後ろに持ち上げます。息を吸いながら元に戻すことを10回行ない、反対の足も同様に。骨盤の内側から元気になりましょう。

しつこい悩みも改善！

じっくりリンパ

目じりの小じわを取りたい

年齢とともに気になり始める目じりの小じわ。
笑いじわだと言われても、やっぱり気になるもの。目の周辺をしっかりケアしてあげれば、ピンと張りのある若々しい目じりがあなたのものに！

こんな人は要注意!

- □ 目じりに細かく薄いしわがたくさんある
- □ 笑った後目じりのしわが消えない
- □ 年齢とともに小じわが気になり始めた

1 目尻を押す

4本の指を使い、指先で目じりからこめかみのあたりまでをゆっくりと押します。

2 目尻をもむ

親指と人さし指でつまむようにして目尻をもんでいきます。

3 目尻をさする

人さし指と中指を使い、目尻をひき上げるようにさすります。片目ずつ、両手で行ないましょう。反対側も同様に。

4 目尻をたたく

目じりからこめかみのあたりを、下から上へ軽く持ち上げるようにたたきます。両手を交互に動かして、2本の指の腹で片方ずつやさしくたたきましょう。反対側も同様に。

小顔効果をさらにアップする＋αのボディリンパ

5 腹部をさする

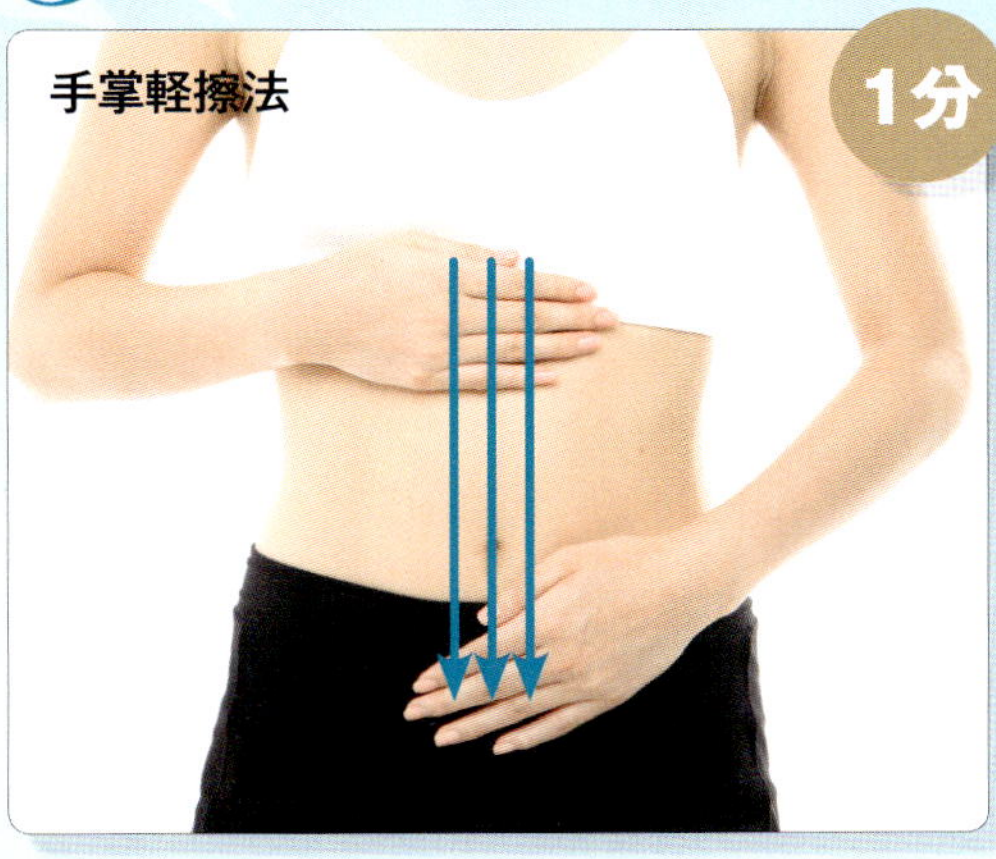

腹部の前面をさすります。手のひらで、お腹の中心とその外側の2つのラインをさすります。

6 脚の内側をさする

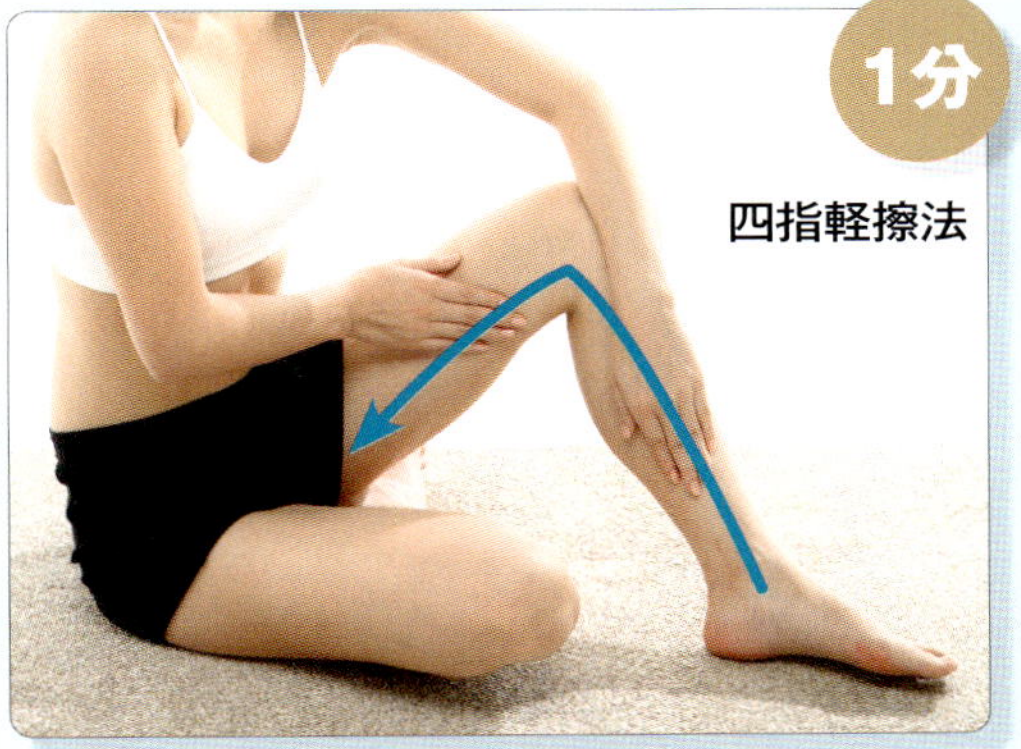

足首から脚のつけ根へと、親指以外の４本の指を使って脚の内側をさすっていきます。

いつでもどこでも＋αの美顔ポイント

リンクルケアマッサージ

目尻のリンクル対策マッサージ

しわ対策のためにさまざまな成分が配合されたリンクルケアクリーム。せっかく塗るなら、マッサージをしながら塗って効果を倍増させましょう。人さし指と中指2本の指を使って、気になる目の周辺を円を描くように交互にやさしくさすりましょう。

しつこい悩みも改善!

じっくりリンパ

眉間のしわをなくしたい

自分では普通にしているつもりなのに「怒ってる?」と言われるなど、
眉間のしわは、トゲのある、きつい顔立ちに見せてしまいます。
こまめにケアをして、幸せオーラをまとった和やかな笑顔をキープしましょう。

こんな人は要注意!

- □「怒ってるの？」とよく人に言われる
- □ 仕事でパソコンとずっと向かい合っていることが多い
- □ ついイライラして顔をしかめがち

1 眉間をさする

二指軽擦法

1分

眉間を人さし指と中指でさすります。2本の指をそろえ、両手を交互に使って、下から上に向かってさすりましょう。

2 眉間を押す

二指圧迫法

1分

眉間を人さし指と中指で押します。次に眉の上も2本の指で押していきます。

3 眉の上下をさする

二指軽擦法

1分

眉間から外側に向かって、眉の上下をさすります。人さし指と親指で眉をはさみながら、2本の指で横にさすります。

小顔効果をさらにアップする＋αのボディリンパ

4 眉間をたたく

指先叩打法

1分

眉間を2本の指でたたきます。人さし指と中指を使い、眉間を下から上に軽く持ち上げるように、両手で交互にたたきましょう。

5 脚の内側をさする

四指軽擦法

1分

足首から脚のつけ根にかけて、4本の指をそろえて脚の内側をさすっていきます。

6 みぞおちをさする

四指軽擦法

1分

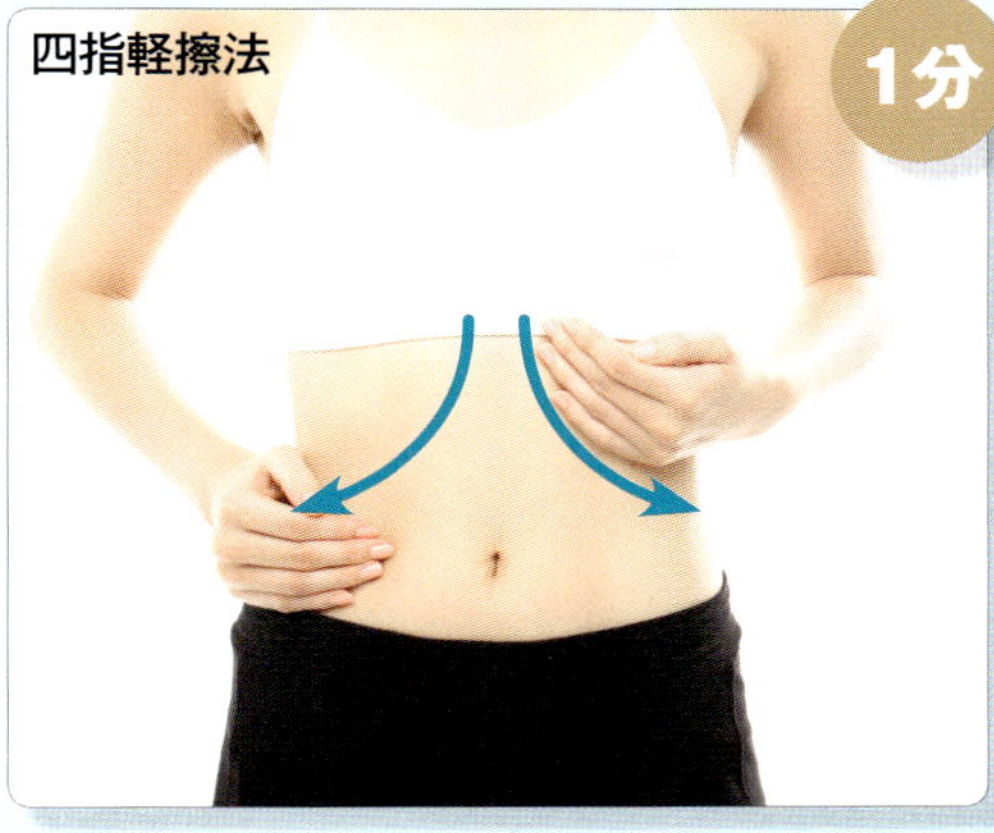

みぞおちを中心から肋骨に沿って、脇腹に向かって4本の指でさすります。

いつでもどこでも＋αの小顔ポイント

表情筋ストレッチ

眉間をのばすストレッチ

忙しいと、ついしかめっ面になってしまうもの。常に意識して、笑う練習をしましょう。口角と頬を上げ、ニコッと笑ってみてください。眉間もピンと張り、気持ちまで明るく前向きになります。

しつこい悩みも改善！

じっくりリンパ

おでこにハリとつやを出したい

うっすらしわがよっていたり、くすんでいたり……。
そんなおでこの悩みを、メイクや髪型で隠している人も多いのでは？
ていねいにマッサージすれば、ピカピカのおでこをすっきり出すことができます。

! こんな人は要注意！

- □ おでこの横じわが気になる
- □ くすんでいてつい前髪で隠してしまう
- □ おでこに吹き出物がある

1 おでこを上にさする

2本の指を使いおでこを下から上にさすります。人さし指と中指をそろえ、両手で交互にさすりましょう。

2 おでこから頭にかけてをもむ

両手を使い、おでこから頭にかけて指先でていねいにもんでいきます。

3 おでこを横にさする

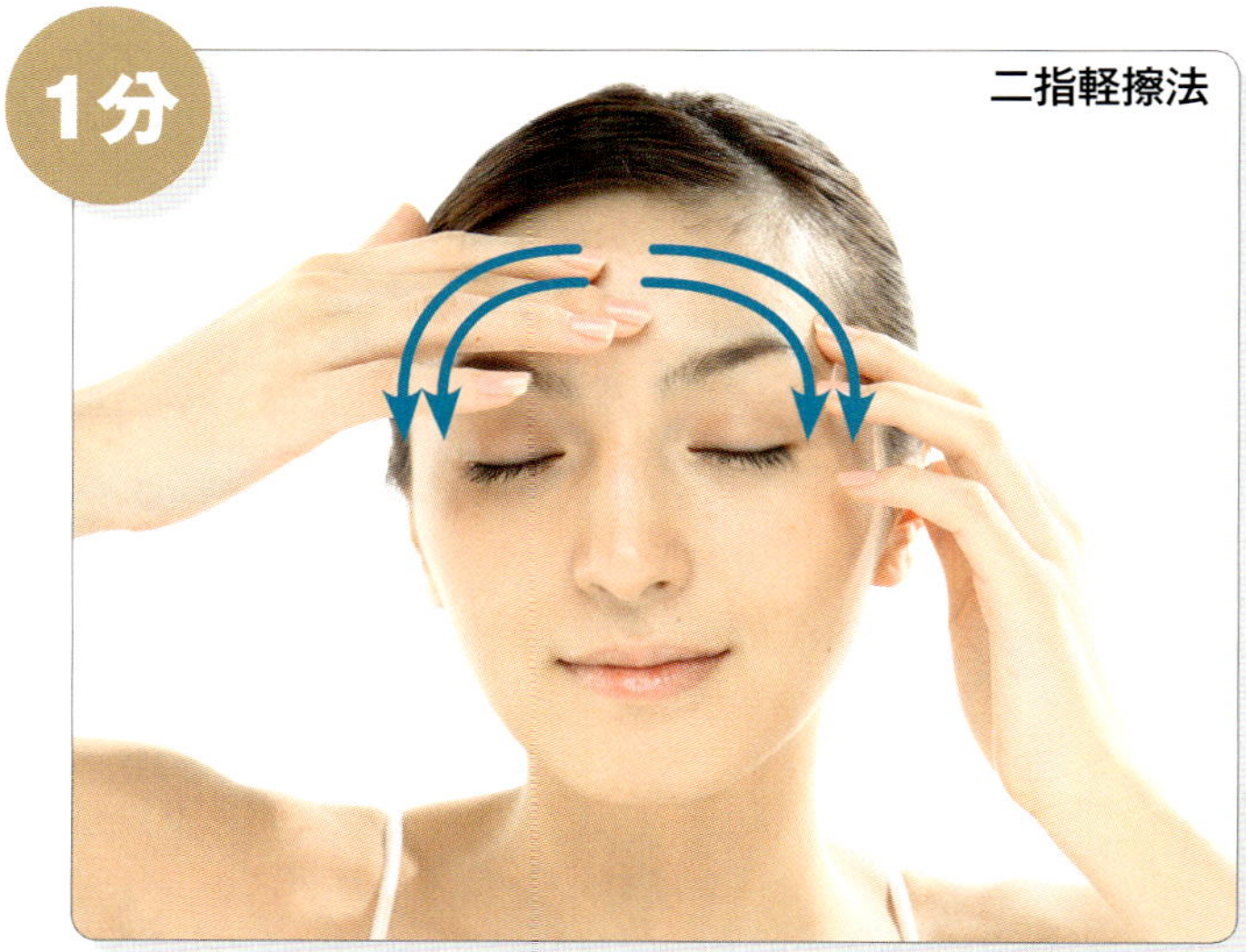

人さし指、中指をそろえ、おでこの中心からこめかみに向かって、両手で交互にさすっていきます。

小顔効果をさらにアップする＋αのボディリンパ

4 おでこをたたく

指頭叩打法　1分

両手の指先を使い、おでこを軽くたたいていきます。おでこから頭にかけてリズミカルにたたきましょう。

5 腕をさする

手掌軽擦法　1分

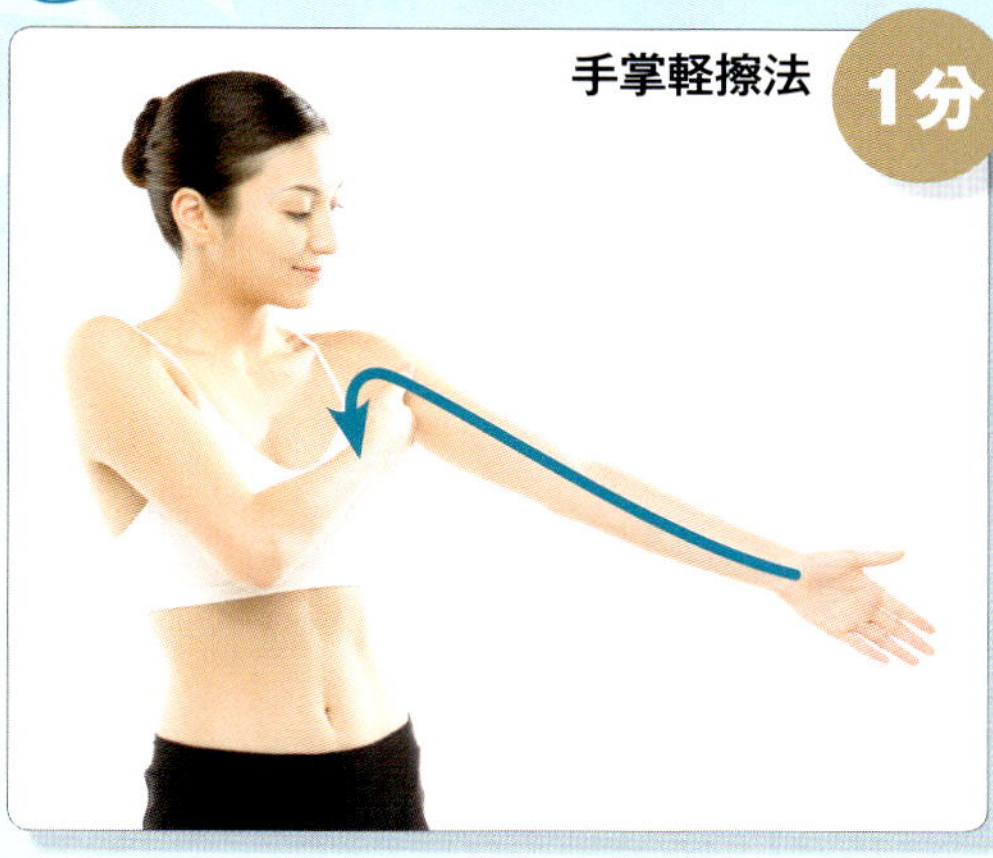

手首から脇まで、手のひらを密着させて腕をさすっていきましょう。

6 お腹をたたく

拍打法　1分

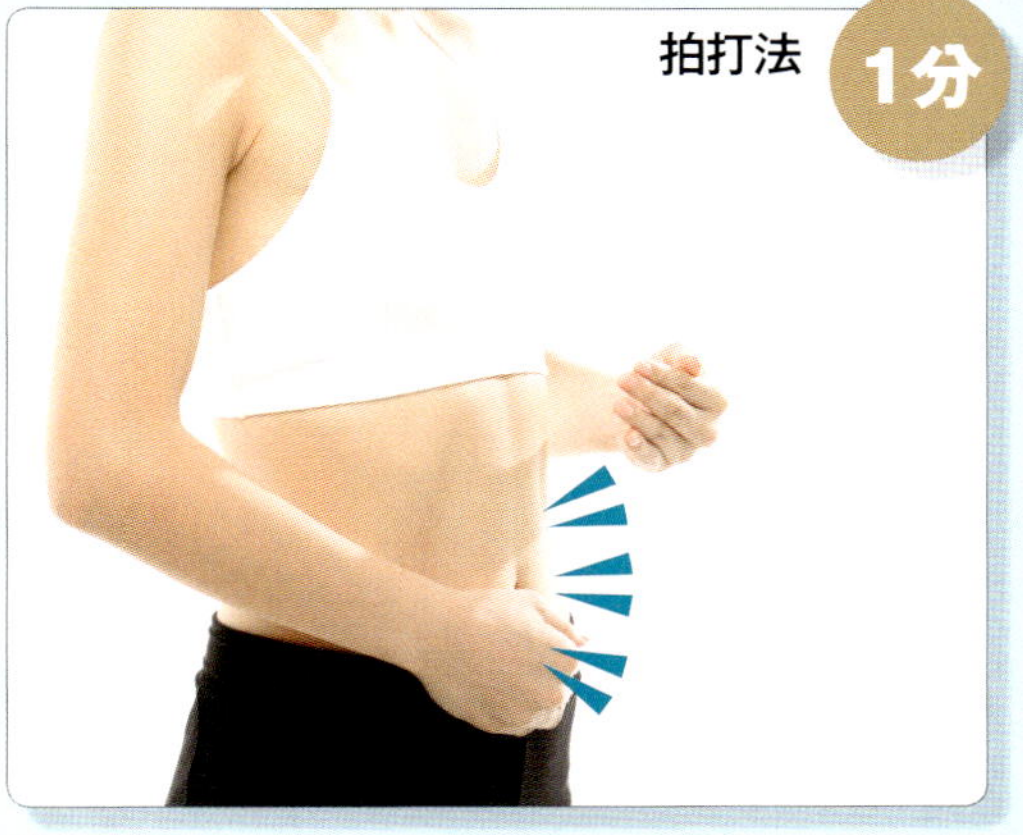

手のひらをくぼませて自然な丸みをつくり、お腹全体をパコパコとたたいていきましょう。

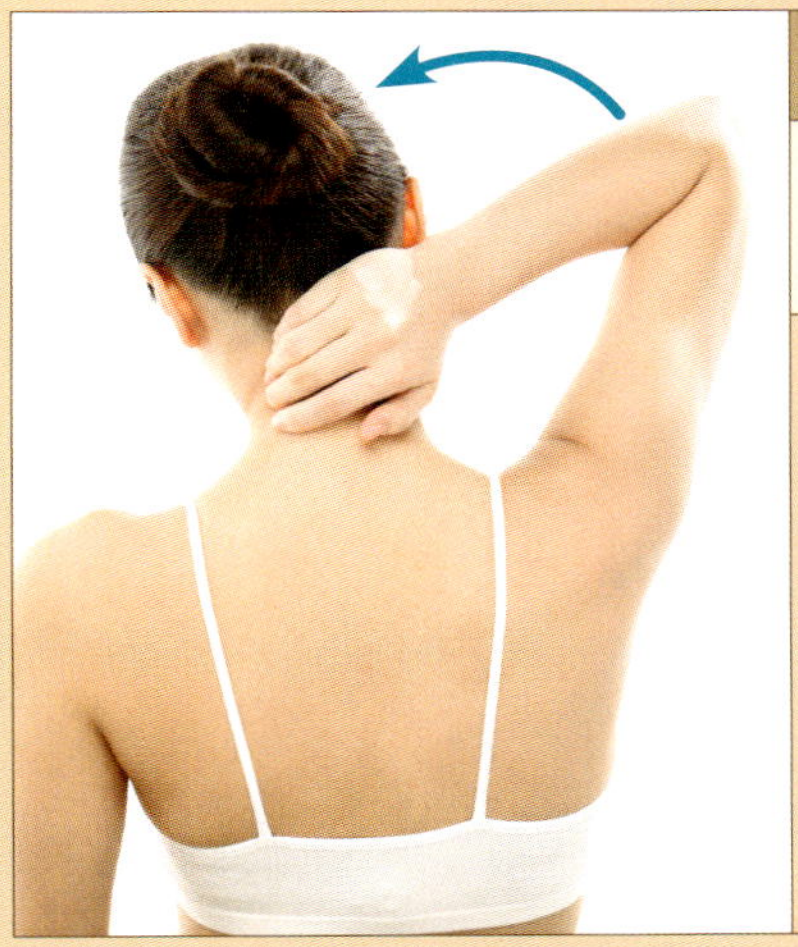

いつでもどこでも＋αの小顔ポイント

首リンパストレッチ

首コリ改善に効果的なストレッチ

肌にハリとつやのある美しい小顔をつくるには、首から頭部全体のリンパの流れをよくすることが大切。その流れを邪魔するのが、首のコリです。首の後ろに手をあてて首を左右に動かすストレッチをマッサージと併せて行なうと、ハリつや効果も高まります。

しつこい悩みも改善!

じっくりリンパ

吹き出物を改善したい

一度できてしまうとなかなか治らない、しつこい吹き出物。
ようやく治ったと思ったら、すぐ別の場所にできてしまったりすることも。
血行を改善し肌を活性化させることで、しつこい吹き出物も改善されていきます。

こんな人は要注意!

- □ しつこい大人ニキビがある
- □ いつも同じ場所に吹き出物ができる
- □ 生活が不規則で吹き出物ができやすい

1 鎖骨周りをさする

手のひら全体を使い、鎖骨の周辺をさすっていきます。肩先から内側にかけて、片方ずつ両手を使ってさすりましょう。

2 首側面をさする

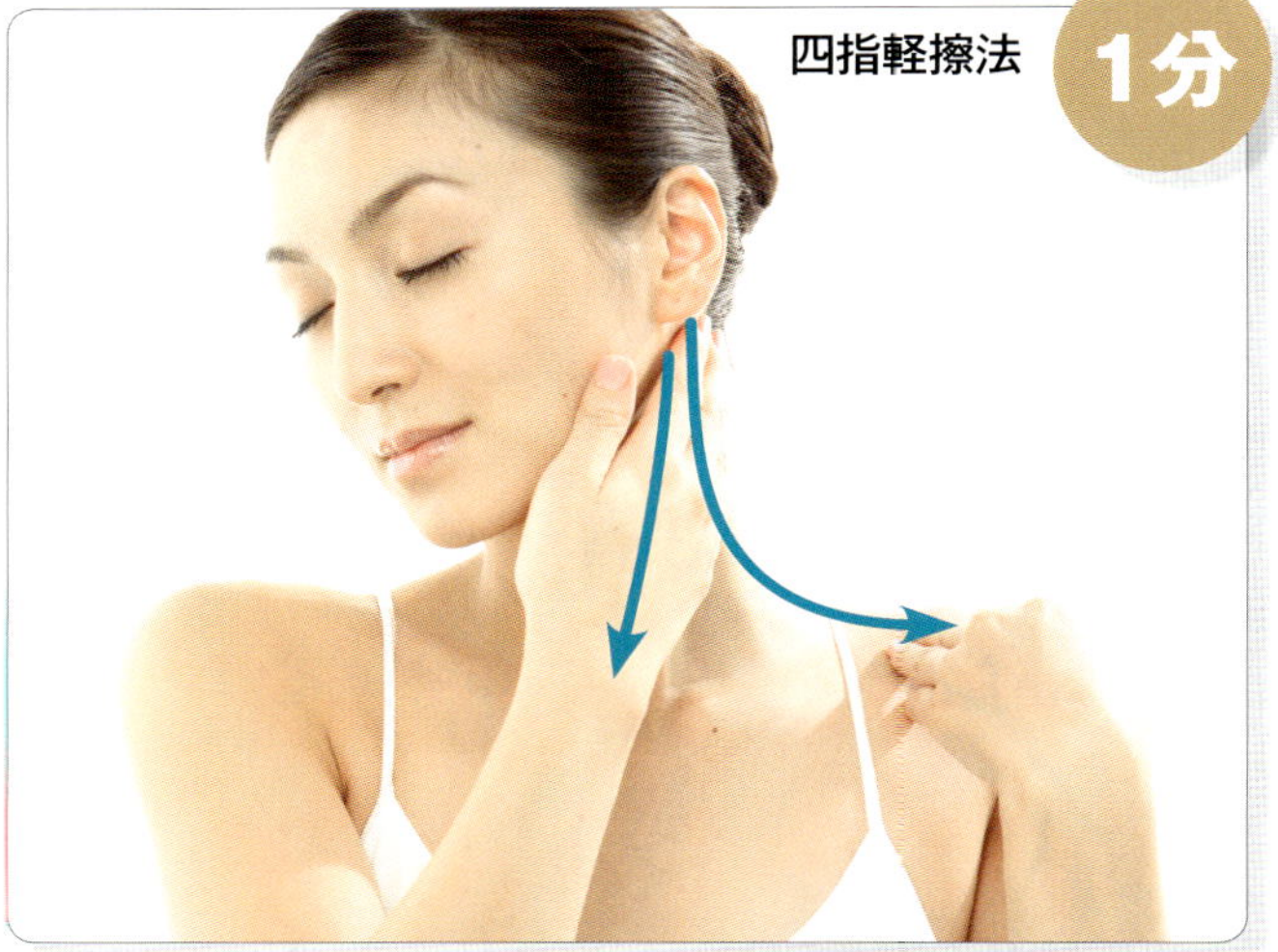

４本の指を使い、首の側面を耳の下から鎖骨、耳の下から肩先まで片側ずつ、両手で交互にさすり下ろしましょう。

3 口角や吹き出物の周りを押す

２本の指で口角や吹き出物の周りを押しましょう。人さし指と中指をそろえ、軽く刺激します。

小顔効果をさらにアップする＋αのボディリンパ

4 吹き出物の周りをたたく

指先叩打法

1分

人さし指と中指の2本の指を使い、気になる吹き出物の周りをたたいていきます。人さし指と中指の指先で、両手を交互に使ってたたきましょう。

5 みぞおちとお腹をさする

手掌軽擦法

1分

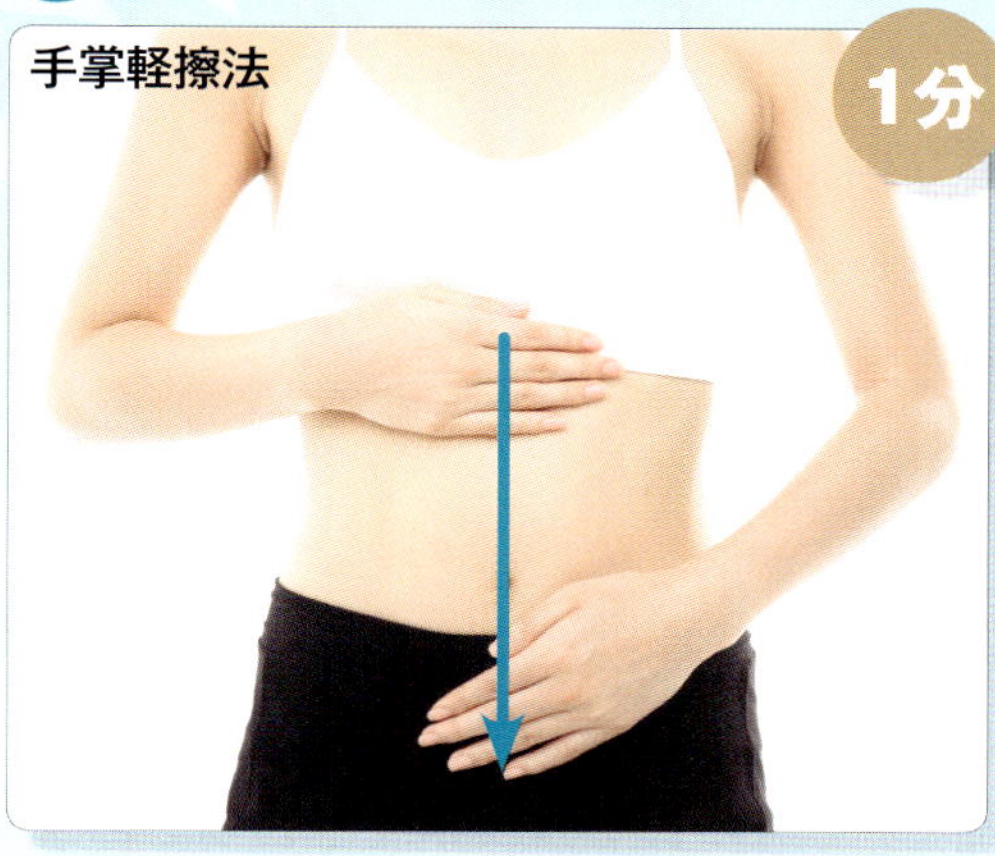

手のひらを使い、みぞおちから下腹部に向かって、お腹をさすっていきます。

6 背中をさする

手掌軽擦法

1分

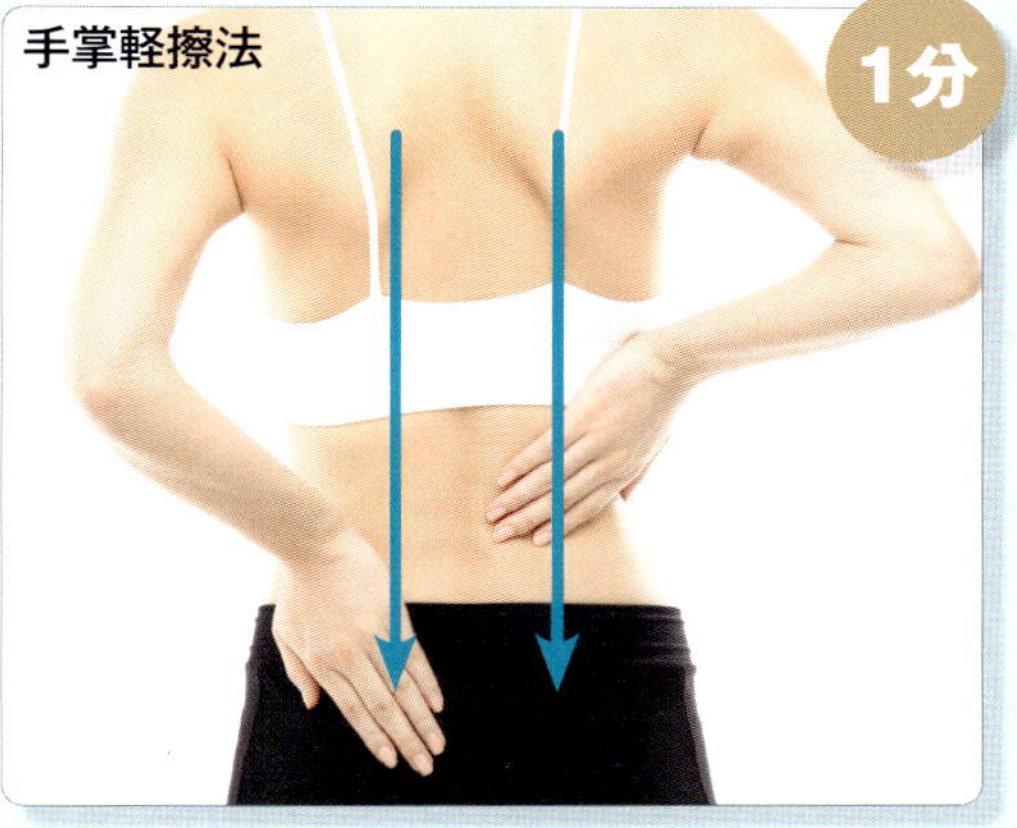

手のひら全体を使い、背中の手の届く範囲の高さから腰までを左右の手で交互にさすります。

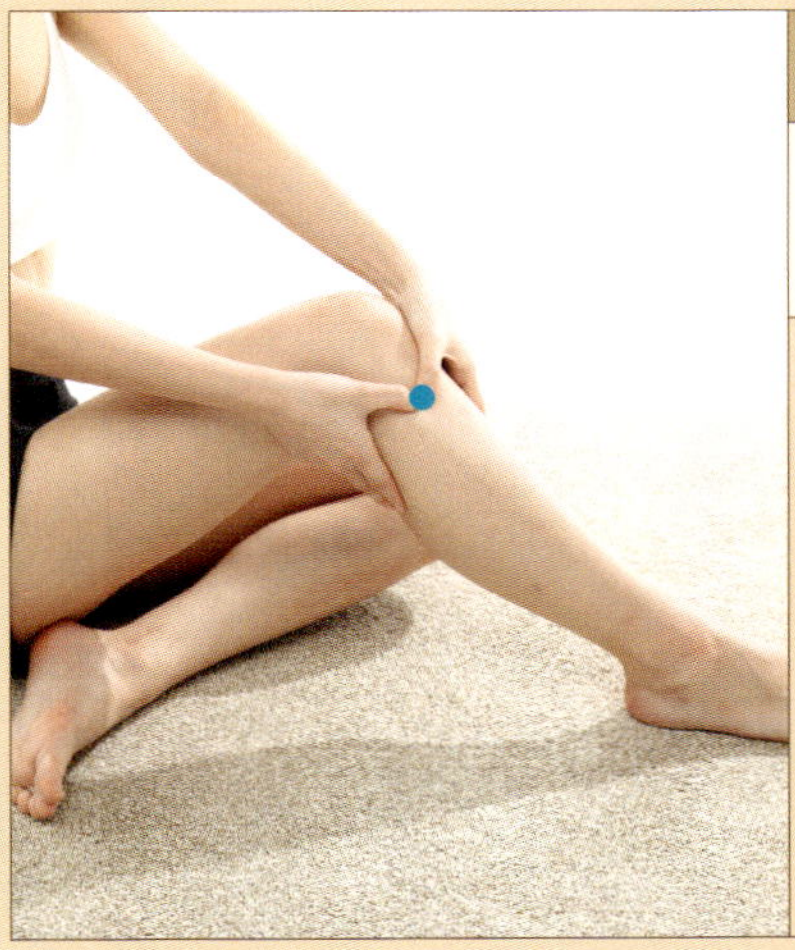

いつでもどこでも＋αの小顔ポイント

足三里（あしさんり）

吹き出物を改善するツボ

吹き出物の原因となる内臓の不調を改善するツボ。特に胃など、消化器系の不調を緩和し、免疫力も高めます。ひざの横側、指4本分下にあります。両手の親指を重ねてゆっくり押してみましょう。

しつこい悩みも改善!
じっくりリンパ

首のくすみ、しわを取りたい

いつの間にかできてしまう首のしわやくすみ……。
首には年齢が出るとも言われ、いつもキレイにしていたいものです。
きちんとケアを続ければ、しなやかで美しい首筋をキープすることができます。

こんな人は要注意!

- □ 首に横じわがくっきり入っている
- □ 首の肌がたるんでいる気がする
- □ 首筋の肌がくすんでいる気がする

1 首を手で押す

手のひら全体を首の側面にあて、頭の重みを手にかけるように押します。

2 首をもむ

首の側面を、親指と人さし指で皮膚を軽くつまみ、少し引っ張るようにしてもんでいきましょう。

3 胸からお腹をさする

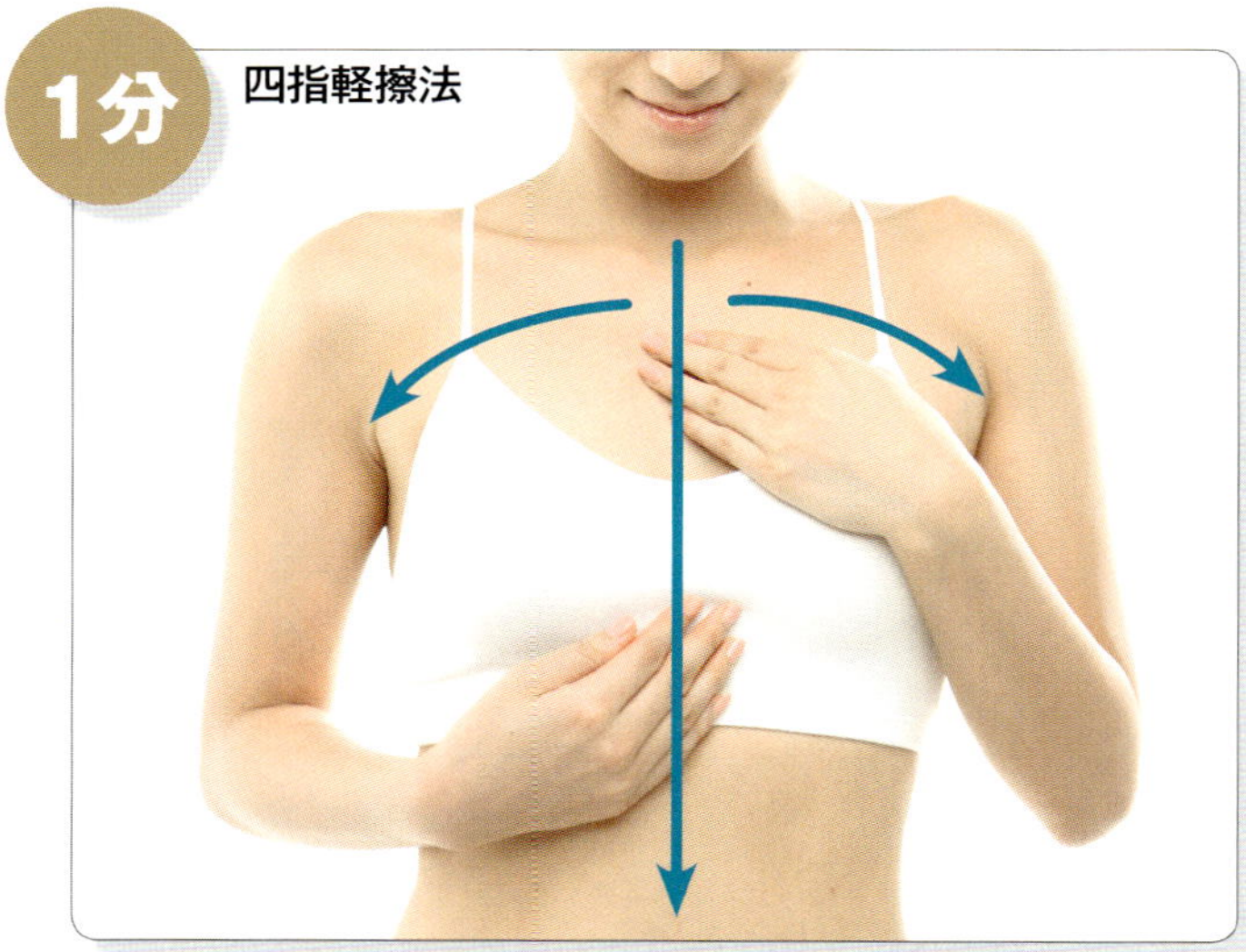

左右の手の4本の指で胸からお腹を交互にさすります。鎖骨の下から胸の中心を通ってさすりおろしましょう。また、鎖骨の下の中心から両脇の下に向けても、左右の手の4本の指でさすります。

小顔効果をさらにアップする＋αのボディリンパ

4 首全体をさする

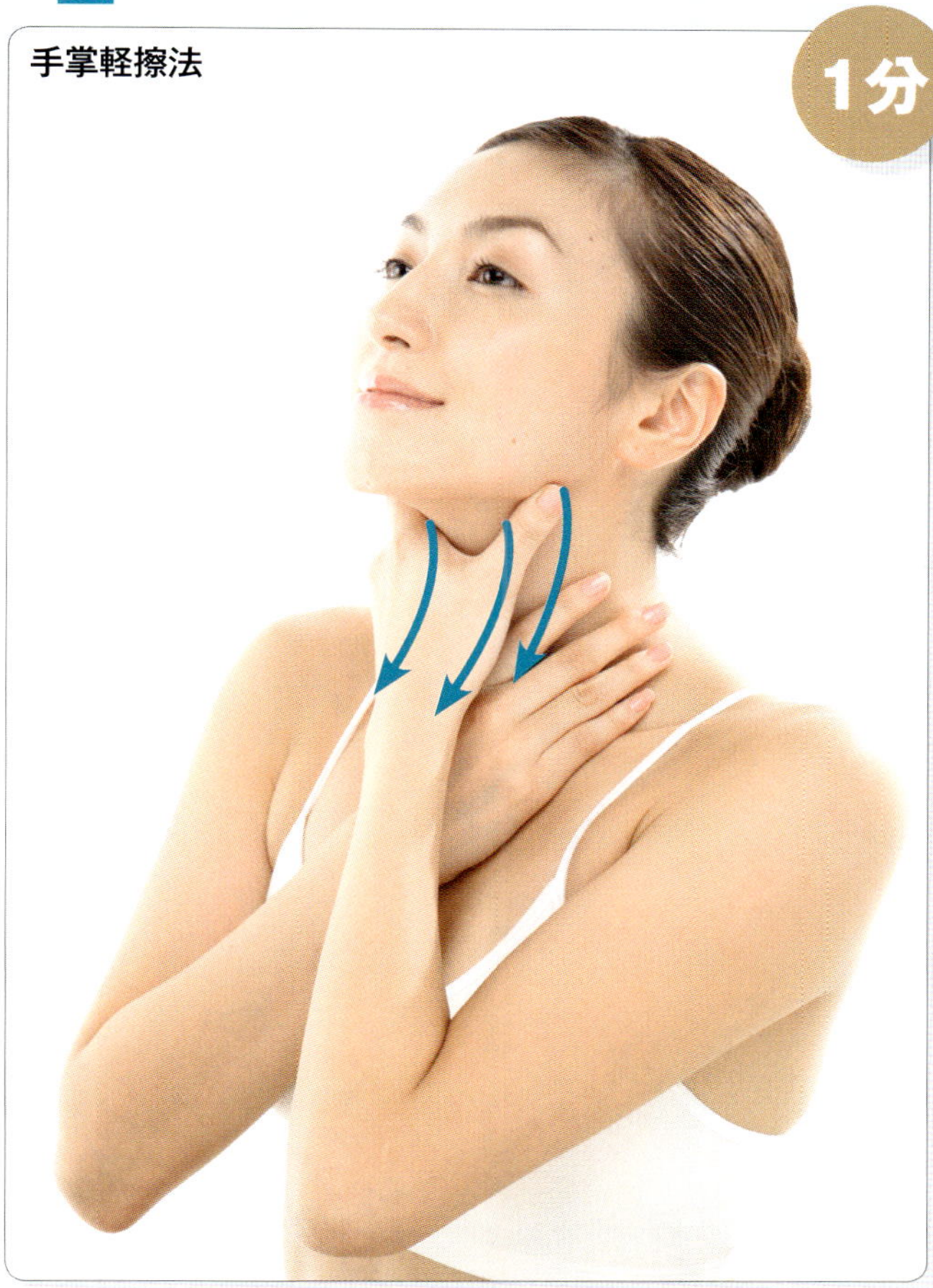

親指とそのほかの指で首を挟みこむようにしてさすります。首全体を包み込むように、両手を使って交互に上から下へさすり下ろしましょう。

5 脚をさする

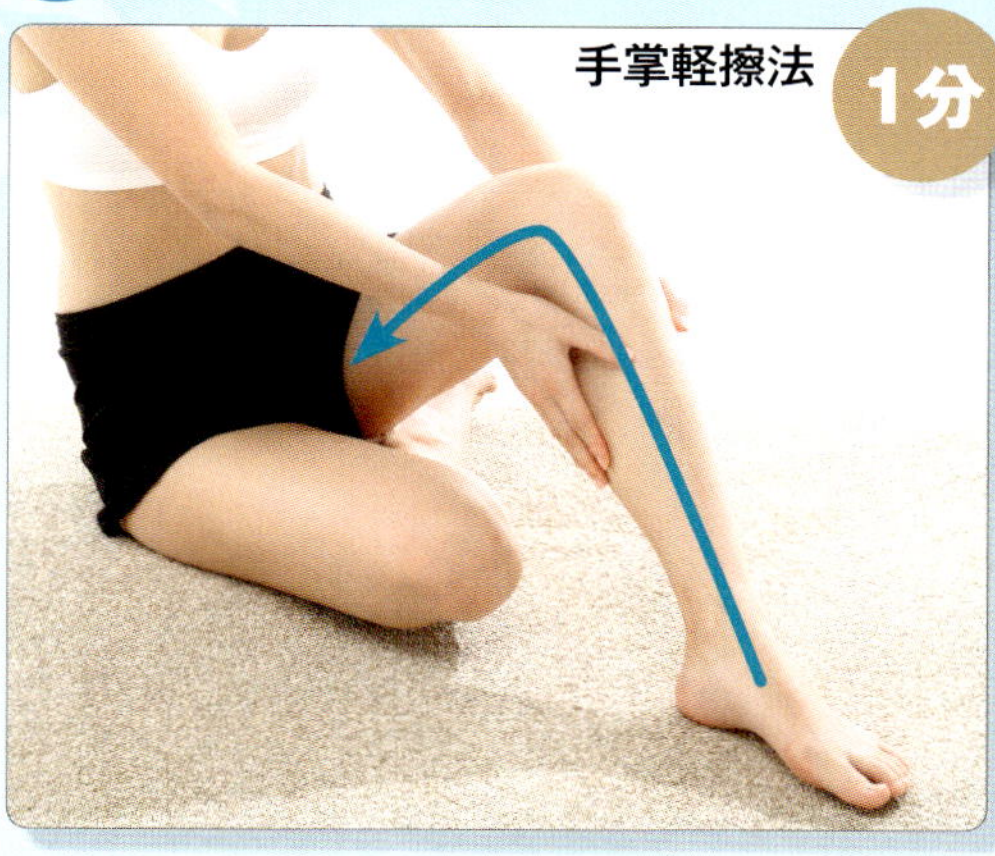

足首から太もものつけ根にかけて、両手のひら全体を使って脚をさすりましょう。

6 背中をさする

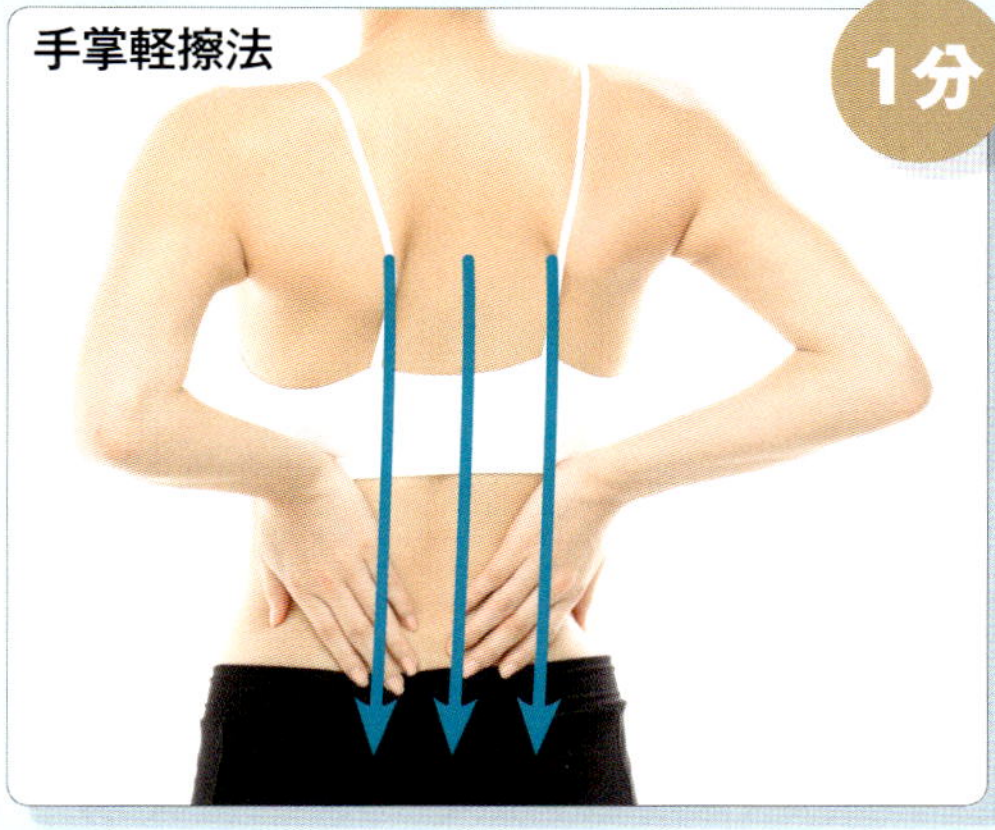

両手のひらを使い、背中の中心とその外側を上から下へとさすっていきましょう。

いつでもどこでも＋αの小顔ポイント

経絡ストレッチ

美しいボディと首をつくるストレッチ

❶陽の経絡を伸ばす　足は肩幅に開き、手を頭の後ろで組む。息を吐きながら10秒かけて上体を前に倒し10秒キープ。息を吸いながらゆっくり戻す。

❷陰の経絡を伸ばす　両手をあげ、息を吐きながら10秒かけて上体を後ろにそらし10秒キープ。息を吸いながらゆっくり戻す。

特別な日のための……

スペシャル小顔スパ

体がじっくり温まるお風呂は、マッサージの強い味方。
時間のある日や大事な日の前夜などは、お風呂の中で集中ケアを。
マッサージの効果が上がるだけでなく、お肌もツルツルに!

STEP 1
シャワー→半身浴で温める

首や脇、そけい部などのリンパ節に、それぞれ3~5回ずつシャワーを当てます。続いて、体がじーんとしてくるまでを目安に全身にシャワーを浴びます。その後、38~40度の、ぬるめのお湯で約20分半身浴。熱いお湯に短時間入るよりも、内臓までしっかり温めることができます。好みの入浴剤や天然塩、手作りミルクバス(ミルク1カップにエッセンシャルオイル3~10滴を、熱めのお湯に溶かしてからバスタブに入れる)もおすすめ。

STEP 2
全身マッサージで代謝を上げ、気になる部分を集中マッサージ

バスタブの外で、スリミングジェルやオイルなどを使いながら、全身マッサージ(P20)を行ないます。泡立てた石けんで、体を洗いながらのクレンジングマッサージも効果的。続いて、全身浴で5~10分首まで温めてから、特に気になる部分や顔のマッサージを行ないます。大事な日の前日などは、効果のあらわれやすい「即効」から選ぶのがおすすめ。美顔力全体をアップさせたいときは、首・デコルテケア、小顔ベーシックケアを行なうのもいいでしょう。

STEP 3
ラッピングで体の中から毒素を排泄させる

さらに効果を高めるなら、ボディもケア。お腹や太ももなど、冷えや滞りの気になる部分にスリミングジェルを塗り、ラップを巻きます。一度お風呂の外に出て、15~20分休憩。足のむくみが気になるような場合は、足をクッションなどに乗せ、上げておくといいでしょう。バスルームに戻り、シャワーでジェルを流したらバスタブにつかって体を温めてから上がります。お風呂上りに、フェイスパックやボディミルクなどで全身を保湿して終了です。

＋１の工夫で楽しくマッサージ

お助けグッズで ワンランク上の 理想の顔に！

オイルやジェルでさっとマッサージするだけでもいいけれど、ちょっとしたグッズとテクを使えば、さらにその効果がアップします。小顔ケア上級者を目指すなら、ぜひ取り入れて！

美肌になりたい！

ワンランク上の小顔になる！

せっかく小顔を手に入れても、吹き出物や乾燥が目立つ肌のままでは台無し。プラスアルファのケアで、ワンランク上の小顔ビューティーを目指しましょう。肌荒れを髪の毛やメイクで隠す必要がなくなります

1　各リンパ節をパッティング

化粧水を含ませたコットンで、顔全体を、あご、耳の下までをリズミカルに軽くたたいていきます。

2　首のローラーマッサージ

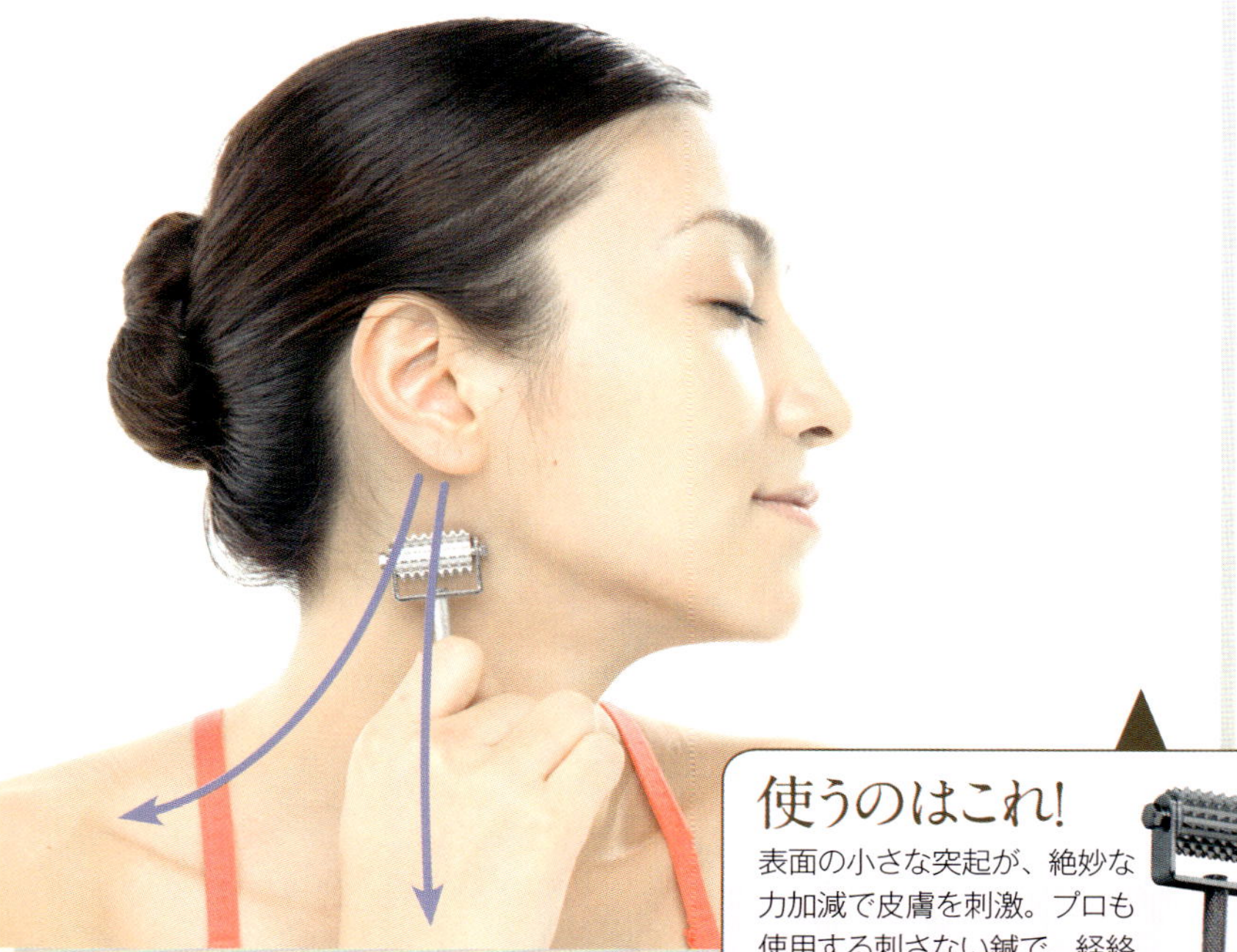

耳の下から鎖骨、肩先にかけて、首筋をローラーでマッサージ。気血を流すことによって、首の循環を改善します。

使うのはこれ！

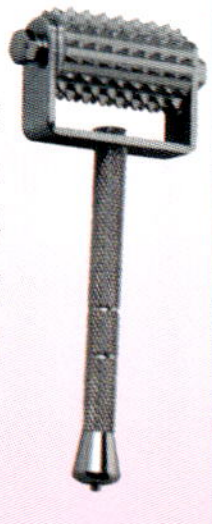

表面の小さな突起が、絶妙な力加減で皮膚を刺激。プロも使用する刺さない鍼で、経絡の変調と、気血水の流れを改善。手に入らなければ美顔用ローラーで代用を。

ローラー鍼／銀座ナチュラルタイム

3 顔のローラーマッサージ

フェイスラインに沿ってローラー鍼を転がすことで、皮膚を刺激して循環を改善します。やさしく行なうのがコツ。

4 顔のパックをする

循環がアップした状態の皮膚に、たっぷりと化粧水を含ませたシートで保湿しましょう。肌の回復力が高まり、肌がイキイキと潤ってきます。

5 マッサージジェルで仕上げ

保湿のあとは、ジェルで引き締めます。肌をいたわるように、やさしくマッサージしながら塗ると効果的です。

使うのはこれ!

保湿や引き締めはもちろん、ジェルなどをつけることで、マッサージしやすくなるメリットも。

(左) GPアンチ・ウォーターリテンションジェル／ロクシタン
(右) マッサージ ジェル<ボディ美容液>／銀座ナチュラルタイム

先生のお悩み相談室

Q 体に比べ、顔が太って見えます。顔全体をスッキリさせたいのですが……

A 顔が膨らんで見えるのは、病気でなければむくみの可能性アリ!

治療院にも、顔が体に比べて、パンパンに太って見える方がいらしたことがあります。その方は病気だと思って心配で病院に行ったら、「ただのむくみ」と言われたそうです。特に病気の疑いがなければ、「太り」または「むくみ」の可能性があります。

また、首はこっていませんか? 首のコリは顔周辺の流れも滞らせて顔が大きくなったり、肌荒れ、色つやが悪くなるなど美容に悪影響をおよぼします。スッキリとした小顔になりたいなら、顔だけでなく、首のケアも同時に行ないましょう。

パーツをはっきりさせたい！

ワンランク上の小顔になる！

顔全体がいまいちパッとせず、印象が薄いように感じるのは、むくみで目がぼんやりしていたり、口角が下がっているせいかもしれません。適度な刺激を与えてパーツを引き締めれば、見違えるように明るい表情に変わっていきます。

1 首の周りをパッティング

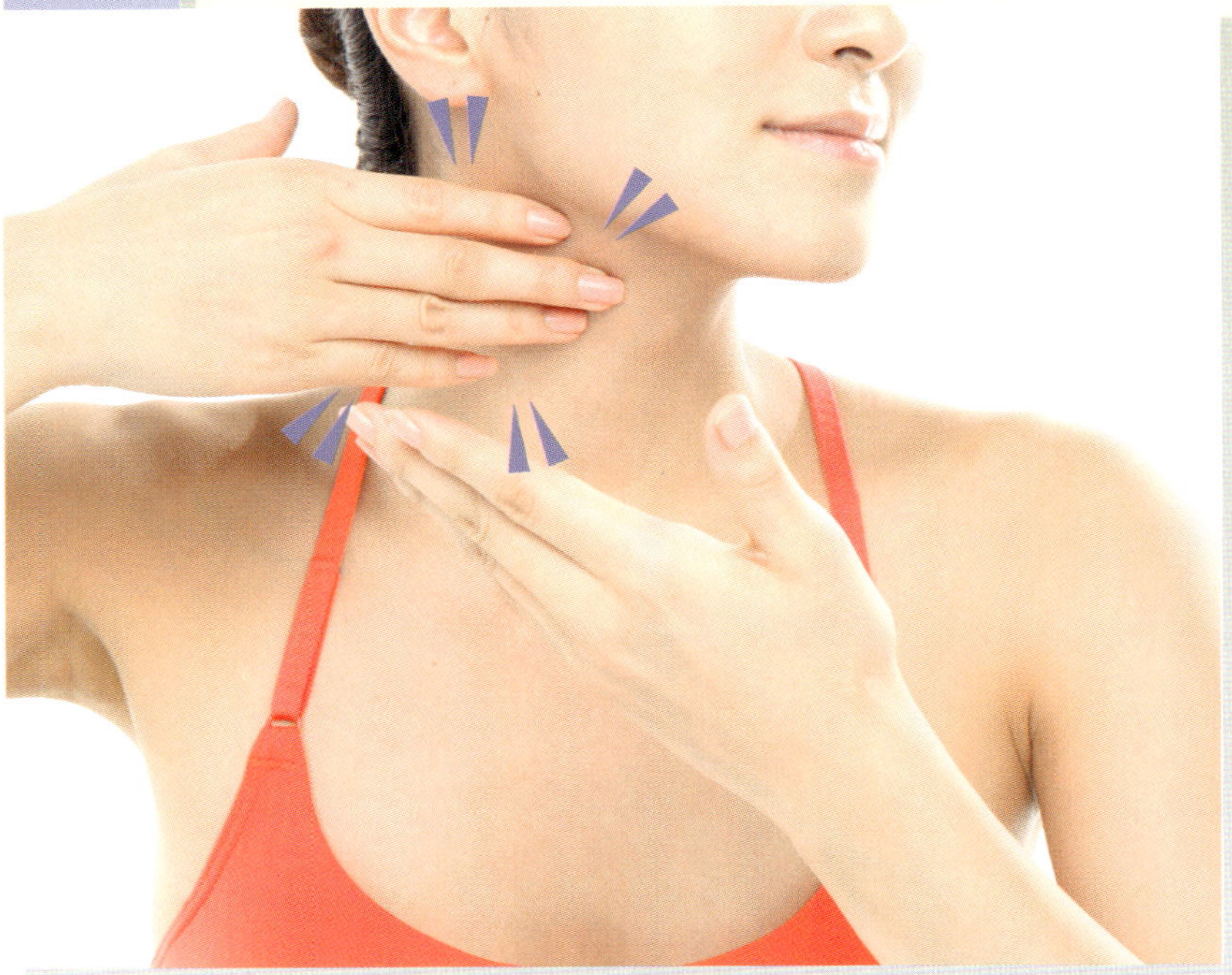

首の周辺を、気持ちいいと感じる程度の強さでたたきます。首すじから鎖骨を中心に、ていねいにたたきましょう。

2 顔全体をタオルで温める

少し熱めのお湯をしぼったホットタオルで、顔全体をすっぽりと包みます。リンパ循環を促進し、余分な水分や老廃物を流しましょう。

使うのはこれ!

ホットタオルは肌ざわりがよく、毛足が密なものを選んで。また、吸水性がよいこともポイント。温熱効果を逃しません。

3 顔全体を叩く

４本の指で、フェイスライン、両頬、目の周囲、おでこからこめかみにかけて気になる部分を軽くたたいていきましょう。

4 頭をさする

こぶしを軽くにぎり、耳の上から頭全体を軽くさすります。こぶしを小刻みに動かすのがポイントです。

5 パーツのまわりをパッティング

２本の指で、顔の各パーツの周辺をパッティング。目の周囲、眉頭、頬骨、口角、鼻の横から耳の前をリズミカルにたたきましょう。

先生のお悩み相談室

Q 特に日にあたっていないのに、「最近日焼けした？」と言われます

A それはくすみ！エネルギーを高めて、肌の色を改善しましょう

色黒に見えて、実は顔色が悪いというケースは意外と多いのです。顔色が悪いのは、体に疲労がたまり、エネルギーが低下しているという体からのSOSのサインです。顔のマッサージで顔の流れをよくするだけではなく、気（エネルギー）を高めながら全身の流れを改善する全身マッサージも合わせて行なうことが、肌色の改善の近道です。そして、ゆっくり心と体を休息する時間を持つことも大切です。また、もともと色黒の人は、美白よりも美しいゴールド肌を目指しましょう。

口元をキレイにしたい！

ワンランク上の小顔になる！

老けて見える原因は、口元の印象にあるかもしれません。すっと上がった口角や引き締まった唇は、若々しさや知性をも感じさせます。ほうれい線や唇の小じわを改善して、魅力的な口元へと生まれ変わりましょう。

1 口元を押す

両手の人さし指と中指の２本の指を使い、唇の周辺を押していきます。あまり力を入れすぎず、やさしく押しましょう。

2 口元を２本の指でさする

人さし指と中指の２本の指で、口元の周辺をさすっていきます。ゆっくりと矢印の方向に沿って左右の手で交互にさすっていきましょう。

3 口のストレッチを行なう

口角を上げながら両手の人さし指と中指を使って、口周りをこすります。皮膚を動かしすぎないように、やさしく行なって。

4 お湯で口を温める

お湯を口に含み、ゆっくり口元を温めます。血行がよくなり、筋肉の緊張もほぐれていきます。

5 オイルで口元をマッサージ

オイルを使って、2本の指で肌の上をすべるように交互にさすります。上唇のしわを防いだり、保湿効果もあります。

使うのはこれ!

なるべくナチュラルな素材で、肌への浸透性の高いものを選びましょう。さらっとして使い心地がよいものが◎。

（左）マッサージ ローション<化粧水>／銀座ナチュラルタイム
（右）ADサプルスキンオイル／ロクシタン

先生のお悩み相談室

Q 人間関係に悩み、眉間に縦じわが！ 悩みが増え、悪循環に陥っています

A 人気の秘訣はステキな笑顔！ まずは、意識的に表情から変えてみましょう

眉間にしわがあるのは、怒りっぽい人が多いようです。いつも、何かにつけてイライラしていませんか？ そのしわは、別名「怒りじわ」とも呼ばれ、周りの人に怖い印象を与えてしまう可能性もあります。それでは人が寄り付かず、人気運も低下してしまいます。

イライラ改善には、眉間だけでなく、首、顔のマッサージも効果的です。また、リラックスする時間をもち、何事も楽しむことを心がけて。ステキな笑顔が増えるほど、不思議と人気運も高まります。

ワンランク上の小顔になる！

白くて透明感のある肌に！

肌がくすんで見えるのは、内臓の不調や全身の滞りが原因のことも。顔だけでなくボディもケアしてリンパの流れを改善し、体を内側から整えて。バスタイムに行なうのがおすすめのマッサージです。

1 シャワーマッサージを行なう

首の周りや鎖骨を中心に、リンパ節のある部分に少し強めのシャワーをあてて刺激します。脇の下やひざの裏なども行なうとさらに効果的です。

2 顔全体を押す

4本の指を使い、顔全体を押していきます。痛いと感じる部位は、少し長めに、やさしくじっくりと押しましょう。

3 腕のブラシマッサージ

手の先から脇に向けて、らせん状にさすっていきます。体を洗いながら行なうと、すべりがよくマッサージしやすくなります。反対側も同様に行ないます。

使うのはこれ!

毛質がやわらかく、肌に負担がかからず心地よい刺激を与えます。ハンドルが握りやすいのもポイントです。

(左)天使のスパ ボディブラシ ラグジュアリー

(右)天使のスパ ボディブラシ

/ともに㈱マーナ

4 美白効果の高いクリームでマッサージ

美白用のクリームやジェルなどを手にとり、4本の指でらせんを描くように、顔全体をマッサージしていきます。

5 全身をたたく

手をくぼませ、全身をパコパコと軽くたたきます。たるみやコリがある部分は特に念入りに。細胞を活性化し、肌を引き締める効果も期待できます。

先生のお悩み相談室

Q 顔の吹き出物が治らず、人とも会いたくないので、彼もできません

A ストレスや過労は肌荒れのもと、リラックスを心がけて

吹き出物は、ストレスがたまっているサイン。心の中で、不平不満をため込んでいませんか? ストレスは胃腸の不調にもつながり、吹き出物や肌荒れを起こしやすくなります。また逆に、体が疲れすぎて心に余裕がなくなっている可能性もあります。

いずれの場合も胃腸の調子を整えるようにし、心身共にリラックスすることが大切。体が元気になり、心に余裕ができれば、肌の調子も改善されるでしょう。そうすれば人に会う自信もできて、きっとステキな彼に出会えるでしょう。前向きにがんばって!!

ワンランク上の小顔になる！

しみ、そばかすを薄くしたい！

色白でも、しみやそばかすが目立つ肌は、〝美しい〟という印象から遠ざかってしまいます。しつこいしみやそばかすも、お手入れ次第では薄くすることも可能です。根気強くケアして肌の新陳代謝を促進すれば、輝く美肌に近づきます！

1 お腹全体を押す

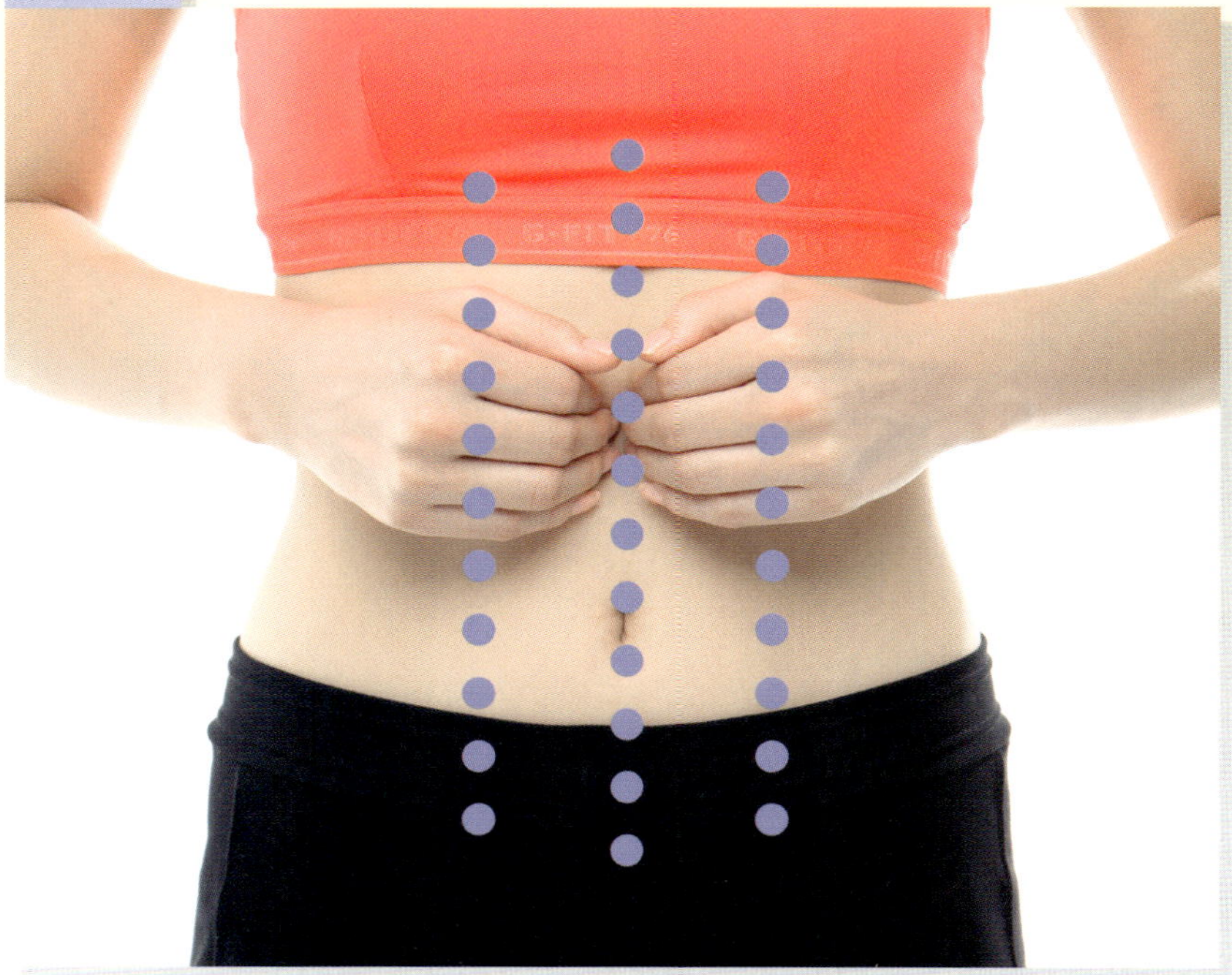

両手の4本の指の腹で、お腹全体を胸の下から下腹部に向かって、少しずつ押します。内臓を活性化させることによって、肌質も改善していきます。

2 足の裏を押す

両手の親指を使って、足裏全体を押します。また足の裏は、内臓と関係の深い反射区のある場所。硬い部分や痛いところは、特に念入りに行ないましょう。

3 指をもみ、押す

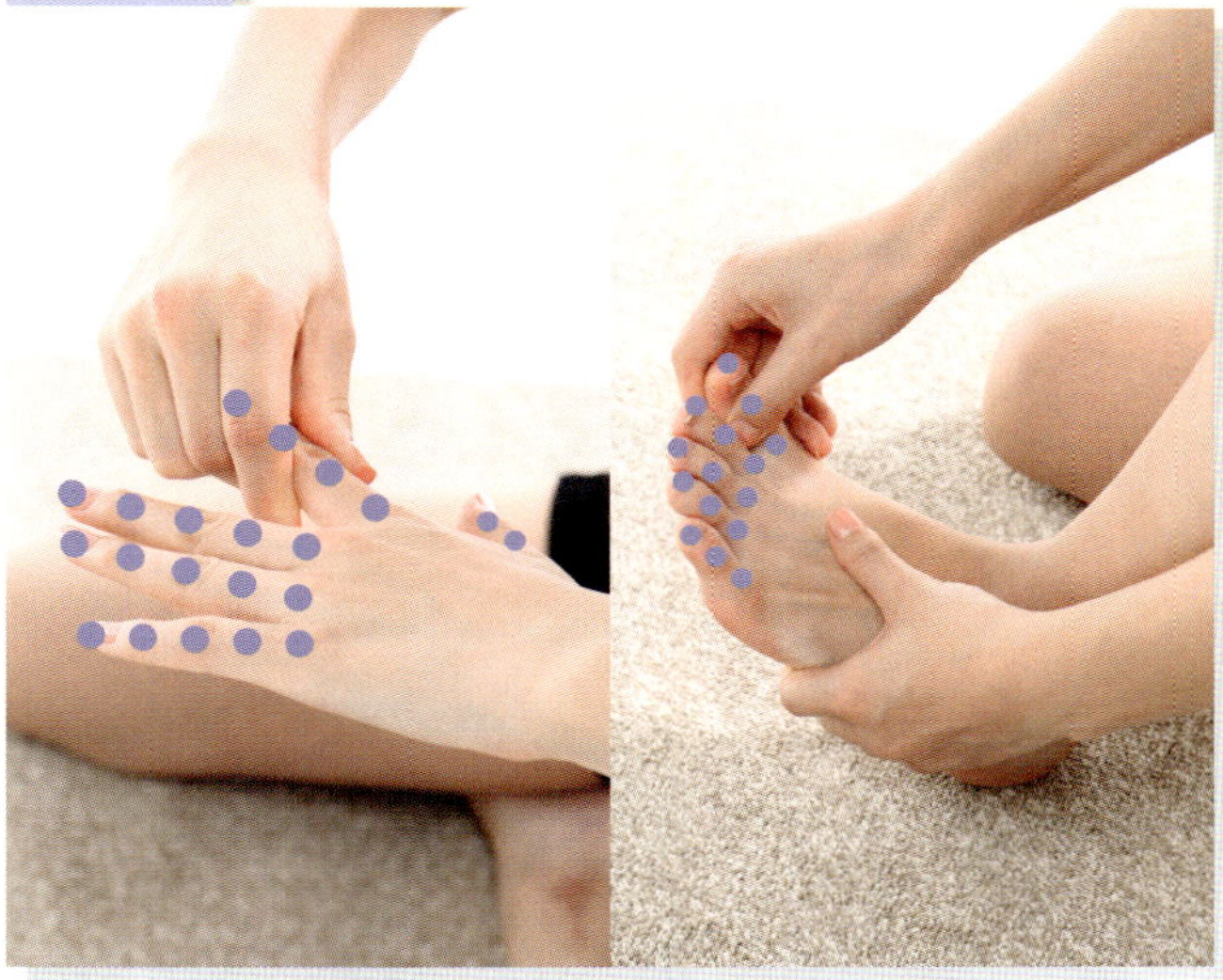

親指と人差し指の２本の指で両手の指1本ずつつまみ、つけ根から指先まで、やさしく押しながらもみほぐしましょう。

4 顔全体を押す

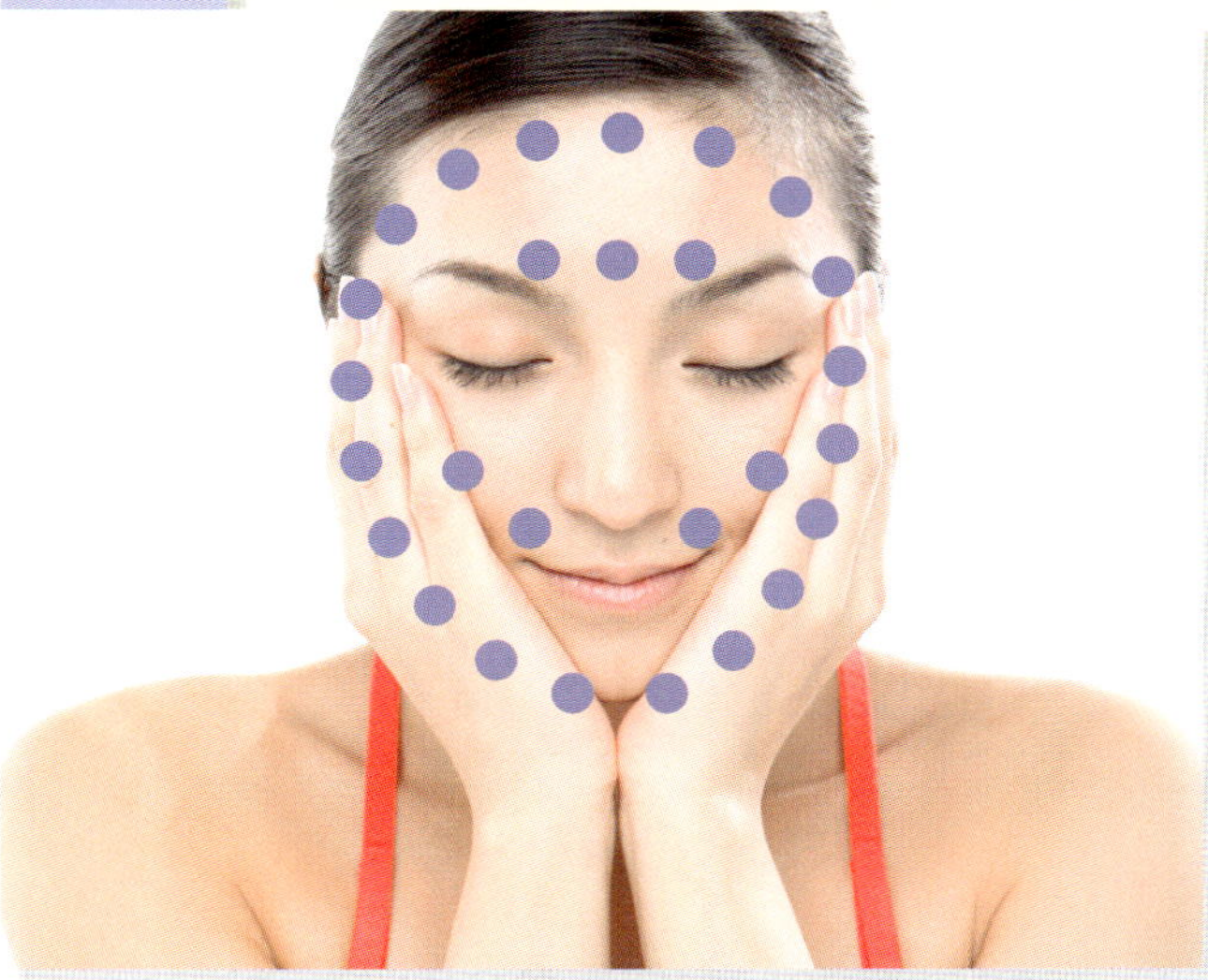

マッサージジェルを手に取り、手のひらで顔全体をゆっくり押しながら塗ります。強すぎず、気持ちいいと感じる強さを目安にしてください。

使うのはこれ!

のびがよく、さらっとした使い心地のものをチョイス。お気に入りの香りなら、リラックス効果も期待できます。

（左）GPアンチ・ウォーターリテンション ジェル／ロクシタン

（右）マッサージ ジェル<ボディ美容液>／銀座ナチュラルタイム

5 しみ、そばかすの周辺をタッピング

しみやそばかすなど、気になる部分を浮き上がらせるような気持ちで、軽く指先で叩きましょう。

先生のお悩み相談室

Q

最近目が小さく細くなり、目力がダウン。頭もボーッとする気がします

A

目の周辺に加えて頭もケアすれば、自然に目力がアップ!

もともとの目は、大きい方でしたか？　大きな目が小さくなってしまうのは、疲れ目やむくみなどが原因です。最近、ＰＣを長時間使用する人などに多い目の疲れは、脳の疲れとも関連があります。目の周りの流れをよくするだけではなく、頭のマッサージも取り入れて、頭の疲れも改善しましょう。ホットタオルと水を絞ったタオルを用意し、目の上を温めたり冷やしたりを交互に行なうのもおすすめです。ＰＣ作業の合間などにこまめにケアして、パッチリとした、大きな目を取り戻して。

特別対談

渡辺佳子 × 恋愛カウンセラー ぐっどうぃる博士

顔は、あなたの美と人生を決める！

「健康的に美しくなれば、人生まで変わってくる！」とは渡辺先生。今回はその一例として、恋愛における女性の美しさの重要性を、人気恋愛カウンセラーのぐっどうぃる博士と対談形式で語っていただきました！

男性が美しい女性に惹かれるのは生き物としての本能だから

渡辺先生「本書では美しい顔を作るメソッドを紹介していますが、博士も『恋愛では外見が大事！』とよくおっしゃっていますね。女性の美や健康、人生にとって幸せな恋愛はとても大切だと思いますので、ぜひ詳しく教えてください」

博士「男性にとって、女性の外見はとても重要です。生物学的な視点で考えると、多分こんなふうに説明できます。女性の場合、パートナーを間違えると、妊娠、出産、子育てという生存に深刻なリスクを負うことになるので、内面も含めてじっくり相手を選びます。一方男性はそのリスクがありません。さらに、たくさんの女性と自分の子供を残すことがメリットともなるので、ぱっと外見を見て、『自分のDNAを確実に残す健康な女性だ』と判断することが、じっくり時間をかけて判断するより進化的に優位だったのでしょう」

渡辺先生「『外見で判断するなんて』と言われても、本能なんですね。でも確かに、治療院を訪れる方で婦人科系の不調を抱えている女性は多いですが、そのような方から今まで男性と縁がなかったのに、マッサージで健康になったら恋人ができた、という話はよく聞きます。これも、男性の子孫繁栄の本能と関係があるのかもしれませんね」

博士「おもしろいですね。周囲の男性が無意識に〝この人は健康で美しい女性〟というサインを感じ取っているのかもしれません」

渡辺先生「東洋医学では、美しさとはバランスのよさであり、バランスがよい体は健康であるという考え方があります。博士の専門の生命科学の分野では、いかがでしょうか」

「体の美しさも心の美しさも、その人のすべてが顔に出ます。女性だけでなく成功するビジネスマンも、すてきなお顔の方が多いですね」

博士「美しさとバランスについての僕の考えですが、我々は、顔の中で目や鼻、口があるべき理想の場所を無意識に知っていて、そこからズレていると、あれっ?と思います。目が離れすぎている、おでこが狭すぎる、など一瞬で気づきます。このズレを我々は遺伝的に正常ではないと認識するのではないでしょうか。逆に言えば、『バランスがよい=健康な遺伝子であり生物として強い』という思考がインプットされている。だから、バランスがいいと美しい（好ましい）と感じ、異性として魅力的だと思うのでしょう。自分の遺伝子を残したいという意味では、健康さも重視すると思いますね。たとえば同じ目でも、瞳がキラキラしている目と、病的にむくんで小さくなってしまった目では、前者を選びやすくなると思います。ですので僕は東洋医学の考えに賛成です」

顔は体以上に内面を語り、相手もそれを感じているもの

渡辺先生「外見が大事ということは間違いないとして、男性にとって女性のスタイルと顔では、どちらがより大切なのでしょうか」

博士「若いほど顔を重視し、歳をとるにつれてスタイルも重視する傾向があると思います。個人差もあるでしょうね。ただ顔には、その人の若さ、健康、知性、感情、興味など多くの情報があらわれます。その情報源として、我々男は顔を重視しているのだと思います」

渡辺先生「なるほど。東洋医学でも、体の状態が顔にあらわれると考えられています。たとえば顔にツヤがない人は内臓の不調を疑うなど、体と顔をリンクさせて診たりしますし、瘀血《おけつ》（血流が悪い状態）だと、目の下にくまができやすいなどですね。もちろん体も大切なのですが、服で隠れない顔は、唯一、瞬時に健康美を人に見てもらう場所かもしれません」

博士「そうですね。先ほど述べたように、たとえば女性の化粧も、丈夫な子供を残せる若さ、健康さ、性欲を男性に向けて無意識に表現しているのだと思いますね」

渡辺先生「また、つくりが美しいだけでなく、人気、元気などというように、〝気〟がある顔の方は、同性異性関係なくモテるとも思います。健康でエネルギーが満ちているのを、ほかの人が感じるのでしょう。逆に、性格のゆがみも、顔にあらわれてしまう」

博士「確かに。どんなにキレイでも、性格の悪そうなツンツンした女性はモテません」

渡辺先生「そうですよね。博士のお考えでも、顔や外見がどれだけ大切かを知るべきで、また、単なる表面上の美しさではなく、内面があらわれたうえで美しいほうがより好まれるということですね。そして何より、健康であることが一番です。本日は、興味深いお話をありがとうございました」

博士「こちらこそ、ありがとうございました」

Profile
ぐっどうぃる博士

理学博士。月間280万PVを誇る超人気サイト『恋愛専門ドットコム』【http://rennai-senmon02.com】の主宰者。04年より始めたブログ『ぐっどうぃる博士の恋愛相談室』（現『恋愛相談ドットコム』）で人気を集め、自身の体験と生命科学の視点にたった独自の恋愛メソッドを展開。悩める女性の強い味方として、WEBや雑誌、書籍で活躍中。著書に『あきらめきれない彼を手に入れる恋愛の極意』（大和出版）、『恋で泣かない女になる61のルール』（講談社）など。

～渡辺佳子からのメッセージ～

全身の声を聞いて、あなた自身が自分の体の専門家に!

私たち銀座ナチュラルタイムでは、厳しい基準をクリアした、あん摩マッサージ指圧師の国家資格と、協会認定資格をもつ経絡リンパマッサージ師が、さまざまな症状で悩む患者の皆様を施術しています。

“経絡”とは東洋医学の考え方で、生命エネルギーの源である“気”の通り道のこと。全身くまなく巡っており、西洋医学の考え方である“リンパ”と同じく、つねに流れをよくしておくことが大切だと言われています。

本書では経絡の詳しい説明は割愛しましたが、紹介したマッサージは、経絡も含め東洋医学と西洋医学の知恵の融合ともいえるものです。私たちの治療院では、より効果的なマッサージを提供できるよう、多くの臨床経験をもとに、今も研究を重ねています。

また、本書で何度も述べましたが、顔は、全身の健康状態を映す鏡。私たちは、患者の皆様から症状や生活習慣などを細かくヒアリングし、全身のめぐりはもちろん、問診や触診で内臓の状態までチェックします。本来、マッサージを行なうには国家資格が必要です。有資格者のプロだからこそ、あなたの悩みの隠れた原因を的確に見つけることができるのです。

一方、患者の皆様には、治療と同時に必要であればセルフケアの指導も行なっています。それは治療効果を上げるためだけでなく、患者の皆様自身に、もっと自分の体のことを知ってほしいからです。

セルフマッサージを体験してみて、いかがでしたでしょうか?

マッサージがはじめてという方は、こんなにていねいに自分の顔や体に触れることは、今までなかったのではないでしょうか。たるみやコリなどが変わっていくのを実感できれば、本当に自分に必要なのはどんなケアなのかが、だんだんわかってくると思います。

本書では、一般の方にもわかりやすく、そして続ければプロの施術と同様の効果があらわれるようなセルフケアの手技を厳選し、手順をご紹介しました。

あなたの体に一番身近にいるのは、あなた自身。セルフケアを身につけて、美しい顔と体に磨きをかけながら、健康な毎日をお過ごしください。

著者プロフィール

渡辺佳子

Watanabe Keiko

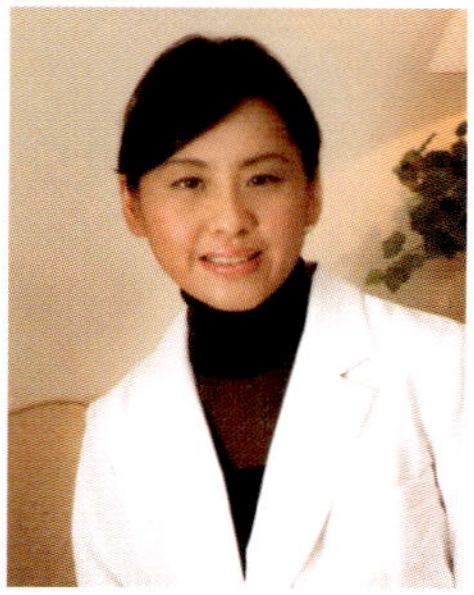

経絡リンパマッサージ協会会長。銀座ナチュラルタイム総院長。経絡リンパマッサージの第一人者。鍼・灸・按摩マッサージ指圧の資格とそのプロを養成する教員資格を持ち、教員養成科の講師を務める。現在、TV、雑誌で多くの監修を手がけるほか、講習やスクールなどでのセルフケアの普及、治療、教育活動にも力を入れている。また自らの臨床経験から、健康や医療、予防医学の大切さを、美容やダイエットなどといった身近なテーマを通じて、一般の女性、ママやベビー、また専門家まで、幅広く多くの人に伝えることをライフワークとしている。

著書紹介

『新版　セルライト超燃焼リンパマッサージ決定版』
（毎日コミュニケーションズ）

『セルライト超燃焼経絡リンパマッサージ
美脚センモンダイエット』（毎日コミュニケーションズ）

『1分間 骨盤リンパダイエット
「銀座」が認める、最新メソッド!』（ランダムハウス講談社）

『経絡リンパマッサージセルフケアBOOK』（西東社）

『カラダ風水 リンパと気の流れが運気を変える! 』
（ランダムハウス講談社）

『カラダ年齢20代！1分アンチエイジングダイエット』
（大和書房）

『「無病」なカラダのつくり方』（サンマーク出版）

『1分リンパダイエット』（大和書房）

『朝1分できれいになる即効リンパマッサージ』
（大和書房）

『ふたりのカップルマッサージ』（講談社）

『成功はカラダで決まる！ーできる男のサクセスマッサージ』
（PHP研究所）

『経絡リンパマッサージ　カラダそうじダイエット』
（永岡書店）

『"部分ヤセ"ナチュラルリンパマッサージ』
（河出書房新社）

『若返りながらやせる！経絡リンパマッサージ』
（小学館）

『おふろダイエット』（ワニブックス）

『決定版！経絡リンパマッサージハンドブック』（主婦の友社）

『「経絡リンパマッサージ」デトックスダイエット』（高橋書店）

『代謝系ボディをつくるリンパマッサージ7秒ダイエット』
（青春出版社）

『免疫リンパマッサージダイエット』（アスコム）

『カラダ美人革命「免疫リンパ」ダイエット』（青春出版社）

『セレブなボディをつくる「体内リンパ」ダイエット』
（青春出版社）

『愛される顔になるための7つのテクニック』
（イーストプレス）

『ビューティ＆ダイエットツボバイブル』（主婦の友社）

『ブライダル・リンパマッサージ』（PHP研究所）

『"カラダの流れ"をよくしてきれいになる！』（青春出版社）

ほか多数

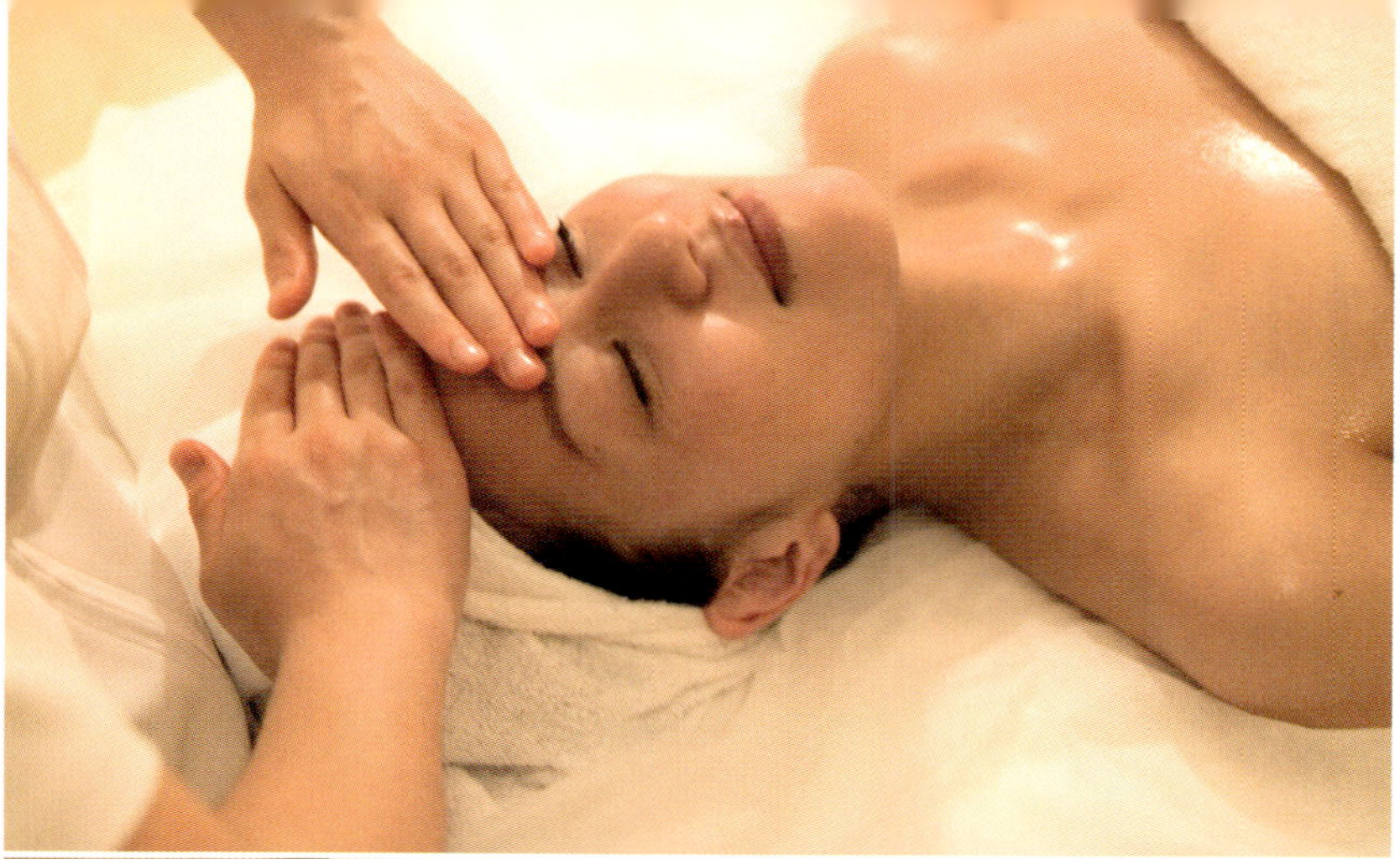

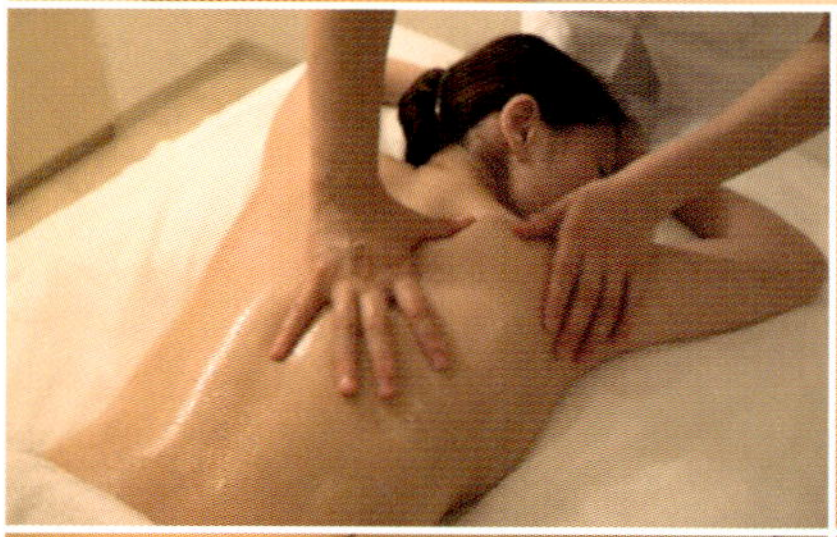

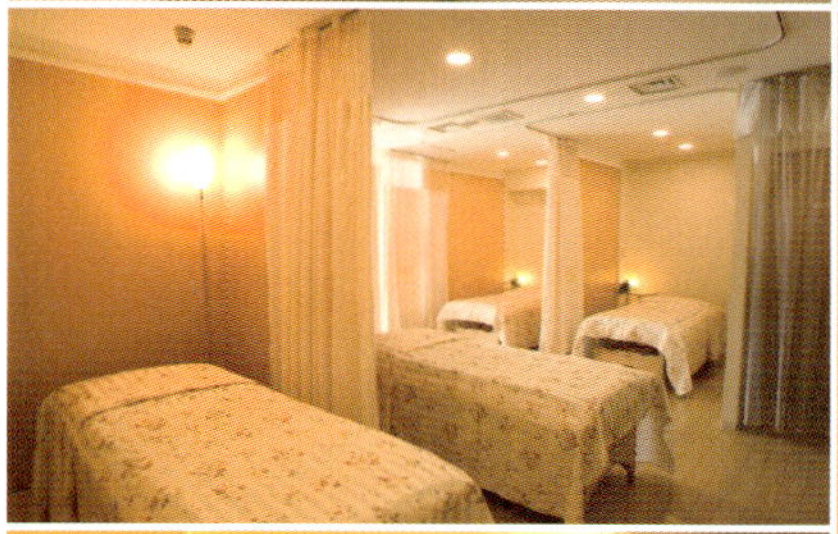

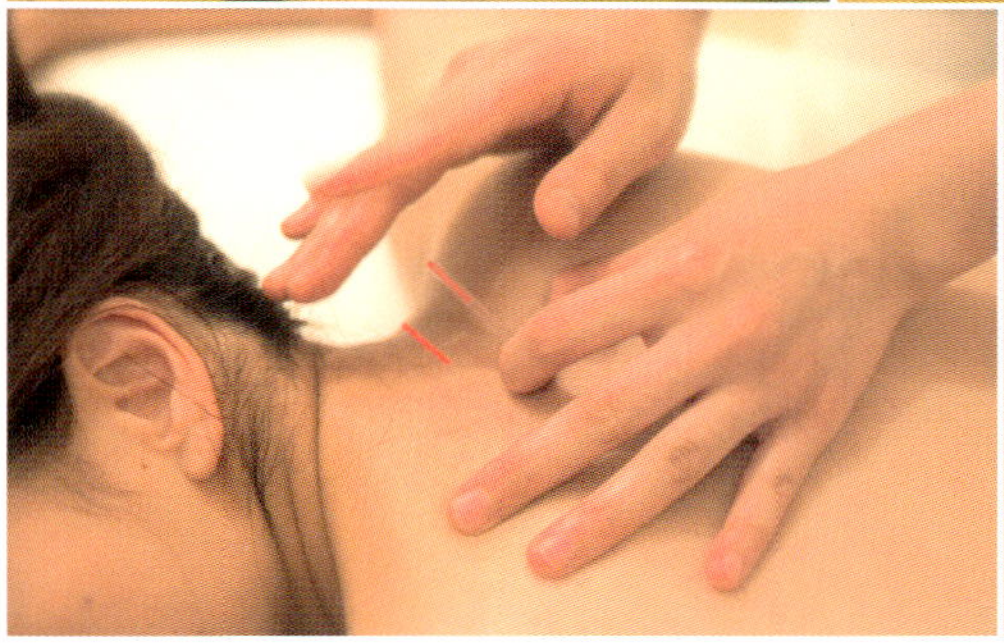

Natural Time

GINZA

銀座ナチュラルタイム
住所／〒104-0061　東京都中央区銀座3-7-16
銀座NSビル7階
TEL／代表03-5250-1300
HP／http://www.naturaltime.jp

Staff

編集	藤掛けいこ、島田彩子(スタープレス)
表紙デザイン	面影デザイン室
本文デザイン	鎌田僚(gnou.jp)
撮影	園田昭彦
イラスト	岡村透子
ヘアメイク	佐々木勝則、鈴木奈津子(switch)
モデル	橋本恵
編集協力	銀座ナチュラルタイム、ナディカル 渡邊幸教、牧野寿枝、中村直美、剱持佐知子

小顔リンパマッサージバイブル

2009年11月10日　初版第1刷発行

著　者　　渡辺佳子

発行者　　中川信行

発行所　　株式会社 毎日コミュニケーションズ

〒100-0003 東京都千代田区一ツ橋1-1-1 パレスサイドビル

TEL 048-485-2383［注文専用ダイヤル］

03-6267-4477［販売］

03-6267-4403［編集］

URL http://book.mycom.co.jp

印刷・製本　大日本印刷株式会社

○定価はカバーに記載してあります。

○乱丁・落丁本はお取替えいたします。

乱丁・落丁本についてのお問い合わせは、TEL：048-485-2383［注文専用ダイヤル］または、電子メール：sas@mycom.co.jp までお願いします。

○内容に関するご質問は、出版事業本部編集７部まで葉書、封書にてお問い合わせください。

ISBN978-4-8399-3348-7

C2076